爱悦　　爱相伴，悦成长

U0629312

好家长
就是好老师

任小巍　修涛◎著

天津出版传媒集团

天津科学技术出版社

图书在版编目（CIP）数据

好家长就是好老师 / 任小巍, 修涛著. -- 天津：
天津科学技术出版社, 2019.7（2021.5重印）

ISBN 978-7-5576-6568-5

Ⅰ. ①好… Ⅱ. ①任… ②修… Ⅲ. ①儿童教育－家
庭教育 Ⅳ. ①G782

中国版本图书馆CIP数据核字(2019)第111654号

好家长就是好老师

HAO JIAZHANG JIU SHI HAO LAOSHI

责任编辑：刘　颖

出　　版：天津出版传媒集团
　　　　　天津科学技术出版社

地　　址：天津市西康路35号

邮　　编：300051

电　　话：（022）23332372

网　　址：www.tjkjcbs.com.cn

发　　行：新华书店经销

印　　刷：天津印艺通制版印刷股份有限公司

开本 880×1230　1/32　印张 6.25　字数 100 000

2021年5月第1版第2次印刷

定价：59.00元

策划手记

让教育回归家庭

高级家庭教育指导师任小巍老师，希望通过本书，以自己多年的家庭教育指导经验和专业积累，为已为人父母者以及即将为人父母者提供切实的指导。

鲁迅说过：教育是要立人。

很多家长都不明白家庭教育的重要性，父母是孩子的第一任老师，家庭是孩子的第一所学校。只有父母不断提高自身素质，掌握教育原则方法，给孩子一个更好的父母，才能给孩子一个更好的未来。与其花大价钱让孩子进贵族学校学习，不如掌握家庭教育的原则要领，让孩子在家庭教育中领略到成长的美丽之处，获得人格魅力与素养，成就更为幸福充实的人生。

家庭教育是终身教育，是学校教育与社会教育的基础。著名心理专家郝滨老师曾说过："家庭教育是人生整个教育的基础和起点"，家庭教育是对孩子的一生影响最深的一种教育，它直接或者间接地影响孩子人生目标的实现。

　　任小巍老师综合了许多家庭案例，包括修远世纪教育的学生家长以及自己的育子经验，在书中给出了育儿问题的答案以及具体操作细则。

　　孩子就是一张白纸，在孩子身上显现的问题都来源于家长，而父母以此来埋怨孩子各方面的能力差，是很不应该的。幸运的是，现在发现这个问题还不晚，从现在做起还来得及，学习是从兴趣入手的，勤奋是从习惯中养成的，习惯是从坚持做的小事情开始的。

　　父母必须马上改变自己的一些不好的习惯，一点点去影响孩子，改变已经养成的不好的习惯。想办法让孩子对学习感兴趣，让孩子对自己有信心，令孩子感到学习能带来快乐，学习是一种享受。

　　比起"身教"，大多数家长更习惯于通过"言传"来教育孩子，给孩子讲很多道理。其实大道理不需讲，孩子自己就懂。与其一次次地给孩子讲道理，我们不如用自身的行动去影响孩子。

本书结合作者的观点和教育方法，读来也许有些枯燥。但真正优秀的作品，正是因其内涵的丰富、思想的深刻，需要深入地思考与仔细地体会。试着耐心些，平心静气地潜入作品内涵深处，一定会给你的心灵与思想带来不可磨灭的印记与焕然一新的变化，并让你的教育价值观和品味都有明显提升。

作者的劝诫犹如当头棒喝，这份醍醐灌顶、拨云见日的提醒与指引，无疑是当前盲目教育孩子热潮下一针智慧的清醒剂，也让百思不得其解的中国家长，获得了一面反求诸己、指导实践，在家领略家庭教育魅力的指南针。我想这也是此书的最大价值与意义所在吧。

徐宏丽 出版策划

微信号：56469651

资深出版人，策划出版多部畅销书，著有《如何出版一本书》。

真正的教育在家庭

心理学专家曾做过这样一个实验，将小白鼠分为三组，分别重复走三个不同的T形管，三个T形管的入口都是竖管的管口。

不同的是，第一组小白鼠走的T形管，横管左侧的管口处放有电击设备，横管右侧的管口处放有奶酪；第二组小白鼠走的T形管，横管左侧的管口处什么都没放，横管右侧的管口处放有奶酪；第三组小白鼠走的T形管，横管左侧的管口处放有电击设备，横管右侧的管口处什么都没放。

这个实验的目的，是对比研究哪组小白鼠最早学会在横管与竖管交叉口向右拐。

这是一种胡萝卜加大棒的教育方式，左侧的电击好比是大棒，而右侧的奶酪就好比是胡萝卜。

和广大读者朋友们一样，实验前专家推测应该是第一组小白鼠最先学会向右拐，因为"胡萝卜"加"大棒"的双重教育方式让小白鼠记住应该向右拐。

但实验结果却出乎专家预测，最先学会向右拐的是第二组小白鼠，走过几次之后他们就学会了在交叉口处直接向右拐，就好像左边没有路一样。而第一组和第三组的小白鼠，由于每次尝试向左拐时都会受到电击的"教训"，所以每当走到交叉口时就会徘徊不前，或者转圈，很难做出决定。

可见教育中，尤其是在孩子的教育中，很多人会存在一定的误区。

误区的存在不是最可怕的，最可怕的是大部分家长没有意识到自己的误区，反而一直在用错误的理念、方法教育自己的孩子。

我们要在这个社会上立足，就需要学习各种各样的技能。比如开车，我们必须先去驾校学，拿到驾照后才能开车上路；要从事财务工作，需要先学习财务方面的知识技能，还得考会计资格证；要从事编程工作，需要先学习程序语言，等等。

然而我们要当父母，却很少有人学习如何做一名好父母，往往就这么自然而然地做了。不了解应该如何教育孩子，我们会把孩子教育好吗？

如今大家都特别重视对孩子的教育，投入了大量的财力、精力，但如果方法错了，往往就会形成南辕北辙的结果。我们见过太多的家庭教育失败案例，这些家长不是不重视孩子的教育，而是因为太重视又用错了方法才导致孩子出现问题。

所以，不怕不教育，就怕瞎教育。

请您记住，优秀的孩子，一定是接受了良好的家庭教育。

教育孩子的过程，应该是家长自我成长的过程。

为了孩子的将来，我们要学习如何做家庭教育，要时常反思，改变自己之前一些错误的、甚至愚蠢的做法。

希望本书能对您有所启发和帮助，同时也欢迎您与我们交流，批评指正我们的错误。

目录
Contents

01

统一家人的教育理念

为了避免夫妻及老人对子女的教育理念不一致，家人之间要多沟通、多讨论、共同学习、共同进步。

2016年，在一次家庭教育公开课上，一位特意从外地赶来北京参加学习的年轻妈妈，给我们讲述了她小时候家里的情况。

她们一家四口，爸爸、妈妈、弟弟和自己。爸爸性格温和，妈妈比较严厉，在对待她和弟弟的教育上，父母二人存在很大分歧：爸爸认为对孩子没必要要求太严格，应该多给孩子些自主选择权，信任孩子；而妈妈则认为如果太放纵孩子，孩子就容易学坏，所以绝不能放松警惕，一定要对孩子严加管理，严格要求。

他们两个谁都没法说服对方，最后约定，弟弟归妈妈管，爸爸不干预；她归爸爸管，妈妈不干预。

在爸爸的教育下，她一天天长大，不仅学习成绩优秀，还很懂事儿，是邻居们眼中"别人家的孩子"。高考考上了一所"211"大学，大四保送读研究生，毕业后导师给推荐了一份不错的工作，再后来组建了幸福的家庭。

而弟弟却不像她这么有上进心，学业半途而废，到现在都没有体面的工作，养家糊口都成问题。

如果当初这位父亲能想办法让妻子与自己保持一致的教育理念，也许弟弟会像姐姐一样过上更如意的生活。

其实很多家庭和上述这位学员有相似的地方，即夫妻二人对子女的教育理念不一致，年轻夫妻与老人的教育理念也不一致。每个人对教育都有自己的想法和观点，有时候还会为此争论，却没能改变对方。

然而，这却是一个非常严重的教育隐患。一家人保持一致的教育理念是非常重要的一件事。

如果家长的教育理念不一致，那么二者对待孩子的态度和行为就会让孩子无所适从，不知道该听谁的，不知道该怎么办。

我认真研读过《哈佛女孩刘亦婷》这本书，虽然其中的一些教育理念我不赞同，但有一点我觉得刘亦婷的妈妈做得非常好：刘妈妈特别认同《早期教育与天才》这本书，她的很多教育理念都来自这本书。

在刘亦婷很小的时候，刘妈妈由于工作的原因不得不把小刘亦婷送到外婆家。让外婆帮忙抚养时，刘妈妈先给刘亦婷外婆买了一本《早期教育与天才》，让外婆先学习。等外婆与自己的教育理念达成一致后，刘妈妈才把小刘亦婷送到外婆家。刘亦婷后来也确实取得了很好的学习成绩。

所以，家人之间一定要保持一致的教育理念。夫妻二人应该多沟通、多讨论，一起学习、一起成长，自己读过认为有道理的图书、文章、参加学习的一些课程等，就应该推荐给对方，一家人共同学习、共同进步。

本书也是，建议您和您的家人都来读一读。

夫妻关系是孩子成长的土壤

如果把孩子比喻成一棵小树，那么家庭环境就如同供这棵小树生长的土壤；而爸爸妈妈之间的爱，就是这片土壤中的养分，关系到孩子能否健康地成长。

修远世纪教育曾经接过这样一个案例。

一个读初一的男孩子，已经很长时间不去学校上课了，每天逃课在外面玩。学校给了严重警告处分，如果再这么下去，他将会被学校开除。孩子还挺开心，开除了正好，以后还不用逃课了。

孩子的妈妈已经想不出任何办法让他重回学校，

于是找到一位修远世纪教育的老师，希望老师给自己的孩子做思想工作、鼓励孩子，让孩子能认识到学习的重要性，重新回到学校。

于是老师便开始和这位妈妈分析问题，想找出孩子不想去学校的原因，以便对症下药。

可是这位妈妈却变得异常的不配合，把所有的原因都归结到孩子身上，中心思想就是孩子不思上进、不学无术。

老师隐隐感觉到，可能是这位妈妈与爱人的夫妻关系出现了问题，只是这位妈妈不愿意面对，更不愿提及。

在老师的再三引导下，这位妈妈终于说出了实情：她与先生早已形同陌路，在家里没有任何沟通，连话都不愿意与对方说一句。只是为了给孩子一个完整的家，才一直坚守着没有离婚。

道出自己的痛苦后，这位妈妈泪如雨下。

她与爱人十多年前来北京打拼，开了一家小小的五金店铺。那时候生活虽然很艰苦，吃不好穿不好，但是却很快乐，夫妻二人感情很好，相互鼓励、相互支持。慢慢地，在二人的精心经营下，生意越做越好。

同时，他们也有了自己的宝宝。

由于家庭经济不再紧张，妻子便放下工作，做起了全职妈妈，精心照料孩子。在她的陪伴下，孩子上了幼儿园，上了小学，现在，孩子都上初中了。

可是随着孩子一天天长大，她和丈夫之间的感情却在一天天变淡，从他们开始互相指责对方不理解自己，到后来经常性地争吵，直至后来丈夫经常不回家，现在，他们已经没有了任何交流，他们的夫妻关系，早已名存实亡。

当然，他们也很照顾孩子的感受，所以从来都不会当着孩子的面吵架。可是，后来在与孩子的交流中老师得知，其实父母的每一次争吵，孩子都清清楚楚，到现在都记忆犹新。

每次父母吵架，孩子都很害怕，以为是自己做错了什么，让爸爸妈妈不高兴了。于是孩子变得害怕了、变得胆小了、变得自卑了、变得没有心思学习了。

在学校里，他感觉所有的同学和老师，都在用异样的眼神看他，同学们也不爱和他玩，还总爱欺负他；老师也因为他经常完不成作业、考试成绩不好而批评他。爸爸妈妈好像也不懂他，总是骂他没出息、不好好学习。于是，他慢慢地讨厌学校，讨厌见到他的同学、他的老师。

等长大一些，他变得不爱回家了，他不爱回到那个没有任何温度的所谓的家，那个一点儿都不理解自己的父母和每天对自己提出各种要求的家。

于是他逃学、夜不归宿，经常和社会上的一些哥们儿混在一块。因为他在那里很自由，大家都喜欢他。他们一起抽烟、一起喝酒、一起去网吧，很开心。

通过深度分析，老师和这位妈妈终于找到了真正的问题所在：夫妻之间关系的冷漠，影响到了孩子的正常成长。

于是，在老师长时间的精心指导下，这对夫妻慢慢地重归于好，他们找回了曾经的爱，又找回了自己爱着的那个人。

爸爸妈妈变了，孩子也感觉到了，他感觉到曾经那个冷冰冰的家，现在充满了温暖；曾经相互视为仇人的爸爸妈妈，好像重新相爱了。于是他慢慢地，开始晚上回家睡觉，回家吃晚饭。

后来，爸爸给孩子转学到了另外一所学校，孩子又重新回到了校园中。

案例中的一家三口非常幸运，他们找回了曾经的爱,让家变得温暖了,所以孩子也转好了。

可是现实中还有很多的爸爸妈妈以及孩子,他们仍旧生活在没有温度的"家"里。虽然生活了无生趣,但是他们还是不想放弃这个家,不想放弃那个自己曾经深爱的人。

每一个孩子都生活在自己的家庭中,生活在父母为孩子亲手创建的环境中。

如果在家庭中,爸爸妈妈每天冷言冷语,甚至恶语相加,孩子就会担惊受怕,心理压抑,分走了太多本应该用于自我成长的能量,从而变得自卑、爱发脾气、胆小等。

对你的爱人宽容一些,温柔一些,多些关爱,少些抱怨,不时地给对方创造小惊喜,生活会更有滋味。

生气时,闭上自己的嘴;开心时,多说些废话。统计显示,说废话越多的人越幸福。

希望每一个家庭都温馨幸福,夫妻间相互关爱,好的夫妻关系就是孩子成长最好的养分,请用这份爱灌溉孩子成长。

03

转移注意力是转移孩子坏情绪的好办法

　　小朋友在一块玩耍的过程中，生气、闹点儿小脾气是很正常的，算不上犯错误。想办法用别的事情把孩子们的注意力引开，有了新的兴趣点，孩子们自然又可以愉快地玩耍了。

　　一个周末，我去朋友家做客。朋友家有两个孩子，哥哥叫嘟嘟，7岁；妹妹叫朵朵，4岁。

　　下午，嘟嘟的两个同学来家里玩儿，开始的时候，四个孩子玩儿得很开心。

　　可是过了一会儿，不知道发生了什么事，嘟嘟生气了，不让他的同学玩儿他的玩具。

然后两个同学就开始对我朋友告状说："阿姨，嘟嘟生气了，他不让我们玩儿他的玩具。"

朋友立马就开始教训他的儿子，说道："嘟嘟，你同学好不容易来找你玩儿一次，你怎么能这么小气，动不动就生气？快别生气了，把你的玩具分给同学，大家一块玩儿。"

就像大家能预料到的，他儿子无动于衷，还是自己玩儿自己的。

这时候我对他们说："孩子们，我告诉你们一个秘密，嘟嘟呢，其实是一名演员，他没有真生气，他在表演生气呢，你们觉得他表演得像吗？"

孩子们一听，就来了兴趣，都说像。

我接着说："你们不知道，其实我是一名导演，我要拍一部电影，现在正在找合适的小朋友当演员呢，你们要不要来试试？"

大家一听要拍电影，更来劲了，都说要来"试镜"，嘟嘟也不生气了，于是我们开心地玩儿起了拍电影的游戏。

家长要正确地看待事情，没必要小题大做。大人都有不开心的时候，何况孩子呢？

发生这样的事情时，孩子们能自己解决最好，大人们尽量少参与。

如果必须要大人介入，也不要直接教育孩子，而且不能生气，生气是不友好的，这样做几乎不会起到任何作用，因为直接教育孩子，就是对他的否定。而人在生气的时候，是不会思考的。

而且这样做不但不会解决问题，反而会让情况变得更糟糕，让孩子感觉压抑，认为父母不理解自己。

如果孩子遭遇的压抑、管制太多，又没有很好的输出途径，就会一直沉淀在心里。等孩子长大了、有力量的时候，就会和家长对抗、不听话、叛逆等，这都是长时间的心理压抑造成的。

正确的做法是接纳孩子的情绪，不直接评论谁对谁错，想办法用别的事情将孩子们的注意力引开。

孩子们虽然当时在生气，但他们的忘性也很大，一旦有了新的兴趣点，孩子们自然又在一起愉快地玩耍了。

如果家长觉得有些事情确实是自己的孩子做得不对，那也不要在当时、当着外人的面教育他，而是等到没人的时候，和孩子心平气和地聊这件事，了解当时孩子生气的原因，和他讨论除了生气，有没有更好的解决办法。

切记，在与孩子讨论时，家长千万不要以高高在上的姿态去教育孩子，而是平等地和孩子聊天，不要让孩子觉得你是在翻旧账。

04

电视是批量生产傻瓜的机器

长时间看电视会影响孩子的智力发展，这对大脑正处于发育时期的儿童来说非常不利。

一位妈妈向我咨询他儿子看电视的事情，情况是这样的。

她的儿子今年5岁，上幼儿园大班，特别喜欢看电视，一旦看上电视，几个小时都可以不动，上厕所都需要家长提醒；而且孩子看电视的时候离电视机特别近。不止是爱看电视，只要是带有播放功能的机器他都喜欢，例如电脑、平板等。

最让孩子妈妈想不通的是孩子每次都重复看相同的动画片，比如冰河世纪、托马斯等。动画片中的情节，孩子早已滚瓜烂熟，但还是一遍又一遍无休止地看，每次都看得聚精会神。

她已经意识到孩子对看电视的偏爱有点儿过了，再这样下去，不仅会影响他的视力，还有可能影响他的智商与情商的发展，于是想办法控制孩子看电视，比如在孩子看电视前约定时间。每次约定时儿子都答应得挺好，可是到了约定时间关电视时，他就各种不让，发脾气、大哭、央求，只为了能多看一会儿。

她也想了很多办法，讲道理、强制关电视、打骂都用了，就是没有效果。

我问她，不让孩子看电视，那让他干啥呢？她说想让孩子看书。

后来在沟通中得知，这位妈妈休完产假就去上班了，孩子上幼儿园前，白天都是姥姥带。为了让孩子不哭闹，姥姥经常带着他看电视，看电视的习惯就这样养成了。

长时间看电视确实会影响孩子的智力发展，因为在看电视的时候，孩子是被动地接收信息，无法形成互动，这个过程中，大脑不需要进行任何思考，整个人基本处于一种十分放松的状态，这对大脑正处于发育时期的儿童来说非常不利。

而且电视中还会传播很多不良信息，比如一些有关垃圾食品的宣传，孩子看多了自然想要吃；一些影片中的内容也会对孩子进行误导，比如前几年特别火的《喜羊羊与灰太狼》，里边的懒羊羊经常说："我不想写作业，我想睡觉。"当时我一个小妹妹特别喜欢看这部动画片，所以也经常学着懒羊羊说这句话。

著名作家李敖曾说过："电视是批量生产傻瓜的机器。"

英国教育专家马丁·洛森也说过类似的话："如果你能让孩子在12岁之前不看电视，他们终生都将获益。"

英国还曾经有专家向国会递交报告，建议禁止家长让3岁以下的儿童看电视。

那么家长应该如何帮助孩子减少看电视的频率呢？我有以下几个建议。

1.在孩子特别小的时候，尽量让他们少接触电视

很多家长为了能让孩子乖一些、不打扰到自己，就会把孩子放在电视机前，让电视机帮自己哄孩子。

孩子确实很快就被电视机吸引住了,可是看电视的恶习也是从这时候养成的。而孩子一旦迷恋上一件事件,想改变他将会变得非常难。

2.培养孩子的阅读兴趣

阅读和看电视往往是对立的:爱看电视的孩子,往往对阅读没多大兴趣;同样,喜欢阅读的孩子,也不会太迷恋看电视。相比于看电视,看书则更有益于孩子成长,家长们也更希望孩子少看电视多阅读,那么可以通过培养孩子的阅读兴趣来减少其对电视的痴迷。如何培养阅读习惯,本书在《"勾引"孩子爱上阅读》一节中有介绍,这里不多讨论。

3.父母以身作则

榜样的力量是无穷的,想让孩子少看电视,家长要以身作则,自己少看或者不看电视,陪爱人做做家务、聊聊天,陪孩子玩会儿游戏、看本书。我们不能一边要求孩子少看电视,一边自己无节制地看。这样不仅激发孩子更大的看电视欲望,还会导致孩子在情绪上与家长的对抗。

4.不正面强制,而是从侧面引导,用别的事情吸引孩子的兴趣

家长可以看一会儿电视后说:"看电视真没意思,

浪费这么多时间，还不如看会儿书。"然后关掉电视，拿起书本；或者把遥控器递给孩子说："我不看了，你自己看吧，我去看书了。"这样其实是在用行动告诉孩子，看书要比看电视有趣。家长经常这样做，去影响孩子，孩子当然会受到感染。不要正面制止，正面制止不仅不会解决问题，还会引发别的问题，比如孩子的反抗、叛逆、发脾气等。

5.改变环境

大家可以看看自己家的客厅，在整个客厅的布局中，电视机显得那么重要，它的尺寸也越来越大，越来越能吸引人的眼球。电视机的正对面就是沙发，每个人都喜欢躺在沙发上休息、玩耍，大家爱看电视也就很正常了。

改变可以从环境开始，如果可以，请将电视机去掉或者移动到一个不起眼的位置，使看电视的时候不是很方便、不是很舒服；空出来的电视柜上面放上书、玩具、学习用品等。如此一来，无论是大人还是孩子，潜意识里就没有了看电视的想法了。

这样做不仅可以改掉孩子爱看电视的坏习惯，还可以培养家长和孩子的阅读习惯，何乐而不为呢？

尹建莉老师说，教育孩子最好要做到"有心而无痕"。帮助孩子改掉坏的习惯、毛病，更需要做到无痕，尽量不做正面管制、教育，而是让孩子在不知不觉中进步，这才是一个优秀的家长应该做的。

05

不给孩子"泼冷水"

　　许多家长经常给自己孩子"泼冷水"，还自认为是给孩子指出缺点，殊不知，否定太多，不仅不能让孩子有积极向上的动力，还会打击孩子的自信心。

　　在"第三届扬子晚报杯作文大赛"复赛阅卷中，一篇参赛作文吸引了评委的目光。这篇作文的作者把妈妈每天念叨她的话写进了作文里：

　　"笨，这是完形填空。"

　　"笨，娓娓道来是尾巴的尾吗？"

　　"笨，注意四指、五指。"

每天按30个"笨"来计算，2017年，我至少被妈妈说了一万个笨。

放学回家（母女一同参与课外培训），妈妈一边开车一边问："懂吗？"我还没来得及回答，妈妈就说："笨。"后来，我明白了，妈妈其实不是要我懂，是想说我笨。即使我懂，妈妈也会说笨。因为我笨，培训才有必要。

许多家长经常给自己孩子"泼冷水"，自认为是在帮助孩子指出他的缺点，一句"我还不是为了你好？我怎么不说别人"，貌似合情合理的初衷，让孩子无法反驳。

否定太多，让孩子潜意识地认为自己真的像父母说的那样做不好，严重的还会使孩子形成人格上的缺陷。面对父母的打击、指责，孩子虽然知道父母说的有道理，但是更多的情绪则是要和父母对抗："你说我不行，我就真的不行，做给你看。"

一位朋友曾以这个为话题跟我说："小时候被父母否定得太多，长大后，即使别人夸奖自己漂亮、能干，都觉得对方是在讽刺自己。"

我们经常教导孩子要宽容，可是如果父母每天都挑孩子的小毛病，孩子怎么能学会宽容？

即使孩子在某些方面确实做得不够好，或者有天生的某些缺陷，也请原谅他们，大人都不可能做到十全十美，为何要这么要求一个孩子呢？

孩子需要的是鼓励、是帮助，而不是"泼冷水"。

爱的方式错了，就会变成伤害

　　每一位父母都深爱着自己的子女，都希望子女幸福快乐、前程似锦，但爱的方式错了，就会变成伤害，甚至将子女推向不归之路。

　　2016年6月10日高考之后，四川省达州市的小斯（化名），借同学手机在QQ空间发布了多条"说说"，都表现出轻生的想法，随后小斯与家人失联。13日，小斯的尸体在渠江河面被找到。

　　花样年华的小斯，为什么会选择自杀？我们从他QQ空间的"绝命书"中节选几段，请大家看一下。

"小的时候我有一次一直吵着说要喝他(小斯父亲)带回来的花生牛奶,因为他当时心情不好,一巴掌把我鼻血都打出来了。还有他把我带到广东玩儿的时候,动不动就打,罚站。之后我一直害怕他,甚至听到他打电话回来我就往楼下跑,我爷爷奶奶把我抱过去,接电话我就哭。"

　　"在福州这边也是有点儿什么事情就打,考98分都被骂,吃饭打嗝一耳光打过来,夹菜姿势不对也一耳光打过来,妈妈自己小时候生活不好非要对我要求严格。当然也说是对我的爱,但抱歉我情商低,感觉不到。"

　　"后来到了达外(小斯高中学校),我想可能会有改变,但我情商低,太天真。第一次月考全校73名,打电话的时候跟我妈说了,我妈说才73名,呵呵,我在电话另一边都快气哭了。达外竞争多激烈,其他同学考到前600名家长都有奖,而我呢?"

　　"反正我觉得我自己很不好,除了成绩。后来我越来越反感我爸,心情几乎没好过,我就故意不学习,考差点儿,希望我爸能问问我,稍微改改,然后他打电话第一句:你是不是不想在达外读了?我给你转到其他学校去,不要浪费我的钱。"

"我只要待在家里或者和他说话，我就高兴不起来。再后来，我发现我活得没有任何意义，因为我的心已经变得连我自己都厌恶了，充满了负面情绪，我觉得我自己已经毁了，我的情商太低，情感这方面严重有问题，感觉不到父母对我的爱……"

"我的尸体，不用埋了，要么烧了，要么扔了，别把我拿回去。心烦！"

从"绝命书"中我们可以看出，小斯选择离去，是因为他早已感觉不到家的任何温暖幸福，相反的，家已成为无尽痛苦的来源。父母对他的打骂、限制、不信任、责备将孩子推向另一个世界。孩子甚至在"绝命书"中写下："我的尸体，不用埋了，要么烧了，要么扔了，别把我拿回去。心烦！"这样的话语，可见孩子对这个家，是多么的失望、多么的寒心。

根据小斯最要好的朋友小周介绍，小斯比较内向，一直害怕父亲。"家里的事他很少提起，只是经常说他爸爸很凶。"由于小斯家离学校很近，小周中午经常到小斯家里吃午饭。

"让我印象最深的就是，每次吃完饭小斯都会跟我说：'我们快点儿回学校，我爸爸快回来了！'"

看到小斯的尸体后，父亲泣不成声，母亲号啕大哭，但为时已晚，小斯，再也回不来了。

当然，这一定不是小斯父母的初衷，他们一定深深地爱着小斯，一定希望小斯幸福快乐、前程似锦。但是他们却亲手把他推向了不归之路。

小斯的事情确实是一个极端，但它却告诉我们一个道理：爱的方式错了，就会变成伤害。

打骂不是教育，冲孩子发脾气也不是教育，而是在搞破坏，请别再相信"棍棒底下出孝子"这样的胡话。

不要剪断孩子的翅膀

孩子的成长是在不断地尝试、探索、体验新的事物中完成的。成长中，孩子也需要不断地犯错，并从错误中总结经验，使自己得以提升。过度干预孩子体验新事物、避免孩子犯错误，只会阻碍其成长。

有一次搭乘电梯，电梯里有一位爷爷带着两个小孙子，他们要去四楼健身房。两个男孩都是八九岁的样子，长得很瘦小，但他们很兴奋，讨论着去了健身房要玩儿点什么。

小一点儿的男孩从随身携带的包里拿出健身卡，

开心地向爷爷挥舞着说："今天我自己刷卡。"

结果，爷爷以猎豹般的速度一把夺走了男孩手里的卡，面无表情、严厉地说道："刷什么刷，你会刷吗！"

两个男孩瞬间因爷爷这一举动石化了，呆呆地站在那里，不知所措。

电梯继续往上行驶，孩子们没有敢再说一句话，狭小的空间里只能听到电梯运行时发出的微弱的"吱吱"声。

四楼到了，电梯门打开，两个孩子静悄悄地跟在爷爷身后走了出去。

看着两个男孩瘦小的身影，我好心疼他们。

这一幕时常在我脑海中浮现，我一直想不明白：为什么不让孩子自己刷卡？爷爷是担心孩子把卡给弄坏了？还是担心孩子把刷卡机给弄坏了？这样的担心有必要吗？

儿童本身就对新鲜事物充满了好奇，家长应该多鼓励孩子尝试，即使犯一点儿小错也不必太介意，不影响别人、没有安全隐患的事情都可以让孩子去体验。

如果什么事情都不让孩子尝试，就真应了那句话：你剪断了我的翅膀，却要我飞翔！

类似剪断孩子翅膀的事情，您有没有做过呢？

没有孩子愿意当小偷

孩子的脑子里没有"偷"的概念，也不会有"偷东西不好"这样的观念。如果父母能让孩子认识到偷东西不对的同时，再给孩子一个更好的解决办法，那孩子以后也就不会再去偷东西了。

朋友在儿子5岁的时候，有一天发现儿子在摆弄一袋圆筒形的饼干。她就问儿子从哪儿弄来的，儿子说是从邻居家的小卖部，趁别人不注意时偷偷拿来的。

朋友一下子就明白自己的孩子偷东西了。但是她并没有立刻对孩子的偷窃行为进行教育，而是思考了一会儿之后，才问他儿子："你是不是特别想吃这种饼干呀？"

孩子说是，这是一种新饼干，他的一个小朋友吃过，说特别好吃。

朋友对儿子说："妈妈知道了，你是想尝尝新饼干是不是像小朋友说的那么好吃。但是，未经别人同意就拿走对方的东西，你觉得这样做对吗？"

儿子摇摇头说："不对。"

"儿子你说得对，拿别人家的东西是不可以的。你说现在这个问题该怎么解决呢？"

儿子为难了，不知道该怎么办。

我朋友接着说："这样吧，妈妈照顾你的面子，替你保密，不把这件事告诉任何人。但是你要把饼干送回去，你怎么拿出来的，就怎么送回去，你想吃的话，妈妈再给你买回来，你觉得怎么样？"

儿子欣然地接受了她的建议，并且在她的配合下，把那袋饼干偷偷送回了小卖部，然后朋友又帮儿子买回了那袋饼干。

回到家之后，朋友告诉儿子，他的合理需求，妈妈是可以满足的，以后遇到类似的事情，完全可以通过和妈妈商量的方式来满足自己的需求。

从此以后，朋友的儿子再没有出现过一次偷东西的行为。分析一下这位朋友的处理过程。

(1) 在得知自己的孩子偷东西后，我朋友并没有立即管教孩子，而是在寻找一种与孩子沟通的最好方式。既能让孩子认识到错误，恰当地处理好这件事，还能让孩子以后不会再犯。

很多家长在得知自己的孩子犯错误时，就会头脑一热，立即对孩子进行批评教育。然而没有经过思考说出的话，往往不是最适合的，难以取得好的教育效果。而且这时家长一定带着负面情绪，这些负面情绪伴随家长的语言、动作、表情等传递给孩子，就会引起孩子的害怕、不满等心理。孩子的负面情绪会分散他们对事件本身的注意力，影响教育效果。

所以冲动是魔鬼，建议当孩子犯错误时，家长请不要"冲动"，先静下来想一想，做到"三思而后行"。

(2) 在教育孩子的过程中，朋友没有采用大部分家长的责骂式教育，而是采用温柔和平的方式。

责骂教育是最无效、最糟糕的教育方式，是没有智慧的家长惯用的手段，父母的责骂只会加深孩子情绪上的对抗,长时间这样,会一定程度上引起孩子的麻木,使得教育效果越来越小。

(3)朋友在教育孩子时,给孩子提供了一个解决方案:以后再有需求的时候可以和妈妈讲,妈妈会尽量满足。

其实,孩子第一次"偷"东西并不是真正的偷,因为他还没有"偷"的概念,当然也不会有"偷东西不好"这样的观念。如果家长一味地强调偷东西不好,有可能会加深孩子对"偷"这种行为的印象,从而以后会多次使用。

另外,孩子的"偷窃"行为,只是在没有父母的帮助下想到的一个满足自己需求的办法。如果父母仅仅告诉孩子偷东西不对却没有给出另外的解决办法,那么当孩子下次再有需求时还会想到偷。如果父母能让孩子认识到偷东西不对的同时,给孩子一个更好的解决办法,那孩子以后也就不会再去偷东西了。

09

孩子最喜欢父母做什么?

孩子最喜欢父母给他充分的信任感,坚信孩子能行,经常对孩子说"你能行",是对孩子能力和行为的信任和肯定,可以增强他做事情的积极性,锻炼他做事的能力。

中国青少年研究中心曾经在北京、上海、广东、云南、甘肃和河南6个省市做了一项调查,调查里有这样一道题:中小学生最喜欢父母的10种做法。

调查结果显示:"信任我"以63.5%的高得票率位居第一,紧随其后的是"说话算话"(49.2%)、"让我平等参与家庭生活"(31.7%)、"和我一起讨论人生大事"
(23.3%) 等。

可见，孩子最喜欢父母给他充分的信任感。

如果我们不信任孩子，总是说一些诸如"真的假
的，不要骗我""你让我怎么相信你呢"之类的话，还
带着怀疑的眼神，孩子势必会感到沮丧，他的自信心
和自尊心也会受到伤害。

相反，如果我们能信任孩子，总是对他说："爸爸、
妈妈相信你"，孩子就会感到浑身轻松，内心很快乐，
这不仅可以激发出他不断前进的动力和积极性，还可
以使亲子关系更融洽，从而让我们的教育获得更好的
效果。

怎么样才能做到信任孩子呢？

1.不要无端猜疑孩子

6岁的辰辰和弟弟在小区广场上玩，不一会儿，弟
弟突然趴在地上放声大哭。妈妈见了，急忙跑过去，
不分青红皂白就呵斥辰辰："怎么搞的，你是哥哥，怎
么不知道让着弟弟呢？""不是我弄的。"辰辰委屈地
回应。

"还狡辩，不是你弄的，弟弟怎么趴在地上呢？站

到一边反省去！"妈妈严厉地斥责辰辰。

辰辰满肚子委屈，因为这件事确实与他无关，是弟弟在玩的过程中不小心摔倒了。

很多时候，我们会像这位妈妈一样，总爱把自己的孩子往坏处想，一出什么事，马上想到的就是自己的孩子错了，武断地下结论，甚至控制不住情绪，斥责、批评、惩罚孩子。这种处理方式会让孩子感到父母根本不信任自己，将会给他的心灵造成莫大的伤害。

2.经常对孩子说"你能行"

事实上，教育孩子的奥秘就在于父母坚信孩子能行。经常对孩子说"你能行"，是对孩子能力和行为的信任和肯定，他会感到身后有一股强大的力量在支撑着自己，而这股力量将会激励他做得更好。

小宇在写作业的时候，每次遇到难题就会喊"妈妈你快来"，让妈妈教他。这一次，他又开始寻求妈妈的帮助，妈妈过来后，看了看题，却没有第一时间告诉小宇怎么做，而是说："小宇，这道题跟昨天妈妈教你的那道差不多，你想想咱们昨天是怎么做的，妈妈相信你这道题可以自己做出来。"

小宇有点儿不高兴，但是他看到妈妈很认真的样子，只好埋下头去自己解题，不一会儿，他真的做出来了。小宇有些别扭，不想跟妈妈说话，但他心里高兴极了，因为他真的做出来了！

当然，我们不能随便说"你能行"，而是要根据孩子的实际情况和具体事情，如果我们夸大孩子的实际能力，一味地说："你能行"，也会增加他的心理负担。因此，当孩子有能力做某件事情时，我们要对他说："爸爸、妈妈相信你，你一定能行！"

3.信任不止是在嘴上说说

有些父母经常对孩子说"我们相信你"，但是遇到了具体问题就开始质问、猜疑孩子，这样孩子不仅无法从我们这里得到信任感，反而觉得父母虚伪、表里不一。信任孩子，不是嘴上说说就行，要具体表现在行动上，要发自内心地相信孩子。

一天，妈妈在厨房里盛粥，7岁的女儿跑过来，高兴地说："妈妈，我来帮你端吧。"

妈妈随口说："你还小，等你长大再说吧。"女儿的小脸马上垮下来了。妈妈见了，转念一想，相信孩子不该说说就罢，于是又说："原来我的小宝贝长大了啊，好吧，妈妈相信你可以做到。"

为了让女儿端起来方便，妈妈特意只盛了半碗粥，等到女儿渐渐能拿稳了，才盛满一碗。

当女儿尝试帮忙时，妈妈没有以"你还小"为理由阻止她，而是相信她可以做好，并先让她从最简单的做起，然后再慢慢增加难度，直到她有能力做好这件事。这位妈妈的做法很值得我们借鉴。

只要我们不断地做出"信任孩子"的举动，孩子就会从内心深处认为"我被信任""我被认可"，他会为自己有能力做某件事而感到快乐，还可以增强他做事情的积极性，锻炼他做事的能力。我们又何乐而不为呢？

10

高标准、高要求是毁掉孩子的"罪魁祸首"

父母的"高目标、高要求"就是孩子背在身上的沉重负担，一点点地扼杀了一个原本非常优秀的孩子，是破坏孩子良好学习兴趣的"罪魁祸首"。

我的一个小学同学离婚了，在惋惜他婚姻的同时，我对他父母的教育方式进行了思考。

在我们上小学的那个年代，大部分家长对孩子的学习还不像现在这么重视，而我们学校又在农村，老师教学基本只限于对课本的讲解，当然放学后也会给我们留一些家庭作业，但总体而言对学习抓得不是很紧。在学校我们基本是"自由发展"，没人让我们努力学习，我们也乐在其中，大部分学生把玩耍当作最重要的"学习内容"。

但我的这位同学是个例外：他父母都是学校老师，父亲还是省级优秀教师。因为明白教育的重要性，所以十分看重他的学习成绩，并且对孩子寄予很高的期望，希望孩子以后能出人头地。放学后我们都在玩，他却需要做父母给他买来的练习册、写日记、写作文等；每次考试做错的题，他都会在父亲的要求下重做好多遍。他父亲还给我们上过课，记得有一次我同学因为上课时玩笔而被他父亲打了一个耳光。

在父母的精心培养下，他小学时的学习成绩确实很好，除了是我们班级稳定的第一名之外，还多次拿过奥林匹克数学比赛的奖项，作文也得过奖。

为了能让他接受更好的教育，在小学六年级的时候，他父亲就让他转学到了我们县城一所非常著名的小学，目的是让他考上好的初中。

他的小学毕业考试成绩也特别理想，考上了我们县最好的初中。

上初中后我们都开始寄宿，他也一样。离开了父母的严格管教，他开始在学习上不自觉，学习成绩逐渐下滑。小学时学习成绩那么好的他，居然没有考上高中，父母只好让他复读一年。

为了监管他读书，他父母在县城租了房子陪读，他也不再寄宿学校，而是每天放学后回家学习。复读一年后考上了高中，可是在高中三年里，尽管有父母监管，他一直都处于混日子的状态，高考只考了一个专科院校。

他父亲一直都想不明白，自己对儿子的教育那么上心，但为什么孩子越来越不上进呢？

为了孩子将来的工作考虑，父亲让他报考了医学专业，原因是他有一个叔叔在医院上班，将来可以帮忙找工作。大学毕业后，他去叔叔所在的医院上了半年班后，实在不感兴趣。虽然父母一再阻拦，他还是离开了医院。

后来他在父母的安排下结婚生子，可最后还是走到离婚这一步，真是令人惋惜。

同学是典型的在"高目标、高要求"家庭环境中长大的孩子，父母对他的教育非常用心，并寄予厚望，而他在小学阶段也确实非常优秀。但是随着年龄的增长，他的自我意识和独立性也越来越强，厌恶了父母以往对他的严厉管教，没有了学习上进的内在动力，甘于落后。

如果孩子一直在这种强压下学习、成长，家长没有对其取得的成绩给予及时的鼓励，对一些难以避免的错误没有给予必要的宽容，孩子的学习兴趣就会一天天减少。现在很多家长都要求孩子努力学习，以取得好的学习成绩，却不知影响孩子学习成绩最重要的因素不是他投入的时间，而是对待学习的态度和学习效率。如果没有了学习兴趣，又怎么会有好的学习态度和高效率呢？

与我同学相似的学生还有很多，他们在小学阶段学习成绩都很好，而一旦上了初中、高中，学习成绩就会逐渐下滑。小学成绩好，是因为小学的知识相对较少，也比较简单，同时孩子还小，面对家长的管教不敢反抗，所以在家长的要求下投入一定的时间，就取得了很不错的效果。

等上了初中、高中，知识量骤然加大，难度也大大提高，如果没有找到好的学习方法，又失去了对学习的兴趣，学习成绩下滑就是自然而然的事儿。

学习是情绪与智力并驾齐驱的复杂过程，"高标准、高要求"是破坏孩子良好学习兴趣的"罪魁祸首"。如果想让孩子在学习上一直领先，请先维护他的学习兴趣，不要人为制造"高标准、高要求"的"绊脚石"。

11

你还在夸你的孩子聪明吗？

　　夸奖孩子聪明，就等于告诉他们成功不在自己的掌控之中，这样，当他们面对失败时往往束手无策。反之，夸奖孩子努力，会给孩子一种可以自己掌控的感觉，孩子会认为成功与否掌握在自己手中。

　　曾经听一位同事说，当年她弟弟高考只考了200多分，300分不到。但她妈妈却一点儿都没有责备儿子的意思，反而还有点儿沾沾自喜地说："你看他平时都没怎么学，还能考200多分，说明他还是很聪明的。"

　　我一直认为，对每一个人而言，聪明程度是最无关紧要的。那些事业成功的人、家庭幸福的人，有几个是因为聪明而取得如此的成就、幸福的家庭的呢？而夸奖一个孩子聪明，甚至会带来负面效果。

斯坦福大学著名发展心理学家卡罗尔·德韦克带领她的团队，对纽约20所学校的400名五年级学生做了一系列实验，以研究夸奖孩子聪明和夸奖孩子努力对他们的影响。

第一轮测试是简单的智力拼图。完成测试后研究人员随机把孩子分成两组，一组孩子得到的是一句关于智力的夸奖，比如，"你在拼图方面很有天分，你很聪明"。另外一组孩子得到的是一句关于努力的夸奖，比如，"你刚才一定非常努力，所以表现得很出色"。

第二轮测试，有两种不同难度可选，一种较难，另一种较简单。结果发现，那些在第一轮中被夸奖努力的孩子中90%选择了难度较大的任务，而那些被夸奖聪明的孩子则大部分选择了简单的任务。由此可见，自以为聪明的孩子，不喜欢面对更大的挑战。

为什么会这样呢，德韦克在研究报告中写道："当我们夸孩子聪明时，等于是在告诉他们为了保持聪明不要冒可能犯错的险。"这也是实验中"聪明"孩子的所作所为：为了保持看起来聪明，而避免出丑的风险。

第三轮测试很难，是初一水平的考题，德韦克团队故意让孩子们遭受挫折。可想而知，孩子们都失败了。先前得到不同夸奖的孩子们，对失败产生了巨大差异的反应。

那些先前被夸奖努力的孩子，认为失败是因为他们不够努力。德韦克回忆道："这些孩子在测试中非常投入，并努力用各种方法来解决难题，好几个孩子都告诉我说这是他最喜欢的测验。"

而那些被夸奖聪明的孩子，认为失败是因为他们不够聪明，他们在测试中一直很紧张，抓耳挠腮，做不出题就觉得沮丧。

第四轮测试和第一轮一样简单。那些被夸奖努力的孩子，在这次测试中的分数比第一次提高了30%左右；而那些被夸奖聪明的孩子，这次得到的分数和第一次相比，却退步了大约20%。

德韦克解释说："夸奖孩子努力，会给孩子一种可以自己掌控的感觉，孩子会认为成功与否掌握在他们自己手中。反之，夸奖孩子聪明，就等于告诉他们成功不在自己的掌控之中，这样，当他们面对失败时往往束手无策。"

后面对孩子的追踪访谈中，德韦克发现，那些认为天赋是成功关键的孩子，不自觉地看轻努力的重要性。这些孩子会这样推理：我很聪明，所以我不用那么用功。他们甚至认为努力很愚蠢，等于向大家承认自己不够聪明。他还发现，无论孩子有怎样的家庭背景，都受不了被夸奖聪明后遭受挫折的失败感。男孩子、女孩子都一样，尤其是成绩好的女孩子，遭受的打击程度更大，甚至学龄前儿童也一样，这样的表扬都会害了他们。

家长朋友们，以后你是会夸奖孩子聪明呢，还是夸奖孩子努力呢？

12

别老拿注意力说事

孩子天生是爱学习的，最重要的是要让孩子一直保持对学习的兴趣，随着年龄的增长，学习时的注意力一定会越来越强。

以下是一位妈妈给我的留言。

任老师您好，我是一位理性的妈妈，儿子今年7岁，刚上小学一年级。

我经常在网上学习一些别的家长教育孩子的经验，自认为教育理念比较先进，给孩子自由比较多。孩子也很依赖我这个妈妈，我讲的话他都会听。

对待儿子的学习，我之前都是采取少干预的策略，以鼓励引导为主，我希望他能有自我控制能力，希望他做什么事都认认真真，这也是我教育他的标准。

可结果呢？他现在写作业总是磨磨唧唧，对着作业发愣，学习的时候不知道他在想什么。让他老老实实坐那安静地写，他总是动来动去，写一会儿就总想玩点儿别的什么，注意力一点儿都不集中。晚上7点开始写作业，到10点都写不完。

我很着急，就带孩子去医院检查，但各项指标都很正常，没有问题。

后来在群里与其他妈妈们交流，有一个家长告诉我说有可能是注意力的问题，还给我发了一个免费测评的链接。

我自己先看了下测验的题目，都是一些学习处事的选择题，觉得没什么负面作用，反正也是免费的，就让孩子测了一下。测试的结果显示就是注意力不集中和多动症的问题。

我就联系上了测试链接上面的老师进行咨询，老师建议我通过他们的注意力课程进行调整，通过做游戏的方式，让孩子在游戏中将注意力转移到学习上面。

我也带孩子体验过他们的课程，感觉现场的孩子们都玩得挺开心，家长们也都觉得挺有效。

我还是不放心，所以想请问您一下，这样的课程有必要吗？

现在市面上有很多各种名头的辅导班，有培养孩子情商的、逆商的、爱商的，也有些课程是培养孩子注意力的，通过各种方式冲击家长的大脑，让家长眼花缭乱、应接不暇。

就拿注意力来说，不知道大家有没有留意到，凡是说孩子注意力不集中的，都是指孩子在学习时的注意力不集中。

学习是一件相对比较枯燥的事情，尤其是年纪比较小的孩子自控力本身就差，学习时走神、有小动作是正常的现象，大家不要认为这是孩子注意力出了问题，更不要总是拿它来说事。只要孩子一直保持对学习的兴趣，随着年龄的增长，学习时的注意力一定会越来越强。

对于孩子的注意力，只要不去破坏就好，比如孩子在专心致志地看书时，不要去"送温暖"，问人家渴不渴、冷不冷、要不要吃点儿东西，这样是有破坏性的。而这样爱"送温暖"的家长还占多数，所以我们要管住自己的嘴，少打扰。

这位家长提到类似的课程，可以让孩子抱着玩耍的态度去参与，开心就好，最好不要带有特别强烈的目的性逼迫孩子参加。没有达到预期效果，也没必要抱怨，孩子在参与过程中体会到乐趣是最宝贵的。

关于学习，我一直强调，小学阶段，最重要的是要让孩子保持对学习的兴趣，父母应该在这方面多想想办法。比如设计一些家庭小比赛，当孩子在学习上遇到困难时，一起帮他解决，而不是责骂或者把他们送到补习班，这样只会扼杀孩子的学习兴趣。

孩子天生是爱学习的，他们害怕的是家长要求他们必须学好、考出好成绩，以及学不好后父母的惩罚、责骂、唠叨、羞辱等。

13

不要让孩子给别人带来不便

　　我们经常说要尊重孩子、给孩子自由，但基本的前提条件是不要影响他人、给他人带来不便，这也是基本的道德。

　　朋友带孩子去参加一个亲子夏令营，结束那天几个八九岁孩子的家庭约在一起吃烧烤。

　　服务员刚拿菜单过来，一个叫小军的孩子，抢先大声说"我要吃牛肉！要吃鸡翅！要吃鱿鱼！"大家陆续点完餐后，等待上菜。

　　当时正值晚上用餐高锋，餐厅的客人比较多，小军过一会儿就大声嚷嚷："我们的菜怎么还没来 ?!"

服务员过来解释说稍等一会儿，马上就好，但小军还是一连大声催了服务员好几次。

菜终于上来了，小军立刻把他爱吃的烧烤签一把一把拿起，堆到自己的盘子里。

一会儿小军觉得不过瘾，就干脆用手抓起来吃，弄得满嘴、满手的油。好动的小军还把油弄到了旁边两个小朋友身上，但是小军根本没有注意到，继续把好吃的往自己盘子里堆。

中途吃得有点儿辣了，小军又大声地喊："服务员，倒水！"

最后小军自己盘子里放了一堆菜没吃完，细碎的骨头渣子吐得桌子上、地上都是。

而小军的妈妈仿佛没有看见这一切，只顾着跟周围人聊天，还一边帮孩子拿一些菜堆在盘子里。

她一边笑着说："我儿子最喜欢吃肉了！在家习惯了，都不知道顾人，我们家平时一些好吃的，都让给他吃！"

那个妈妈继续在向周围人说他的儿子学习好，足球踢得好，还报了各种培训班。

但从周围人的眼神里都能看得出，没有人喜欢他家孩子。

如果因为自己孩子的随心所为给别人带来不便，甚至影响到了别人的情绪，就说明孩子不懂得体谅别人、总以自我为中心，这对孩子以后与同学相处、与同事相处都会有很大的影响，家长应该重视，适当地提醒孩子。

家长懂得在意别人的感受、体谅别人、顾及别人，孩子才会这样。不懂照顾别人的感受、只会向别人炫耀的家长，孩子多半也不怎么受大家喜欢。

不与别人家的孩子比较

　　不要拿自己的孩子与别人的孩子比,对比只能打击孩子的自信心,引起孩子的不满与对抗,反而很难起到激励孩子的效果。家长要尊重孩子、信任孩子、给孩子自由、陪伴孩子、不能溺爱孩子。

　　我儿子有一个表姐,大他四个月。在我儿子差不多四个月大的时候,有一天,我和他用手机视频(因为当时他和妈妈在姥姥家),看着他萌萌的小眼睛、肉嘟嘟的小下巴,我心里很开心。玩着玩着,我忽然想起他表姐吃西瓜的画面,就对手机那头的儿子说:"儿子呀，你看你小姐姐都会吃西瓜了，你什么时候才会吃西瓜呢？"

没想到这么平常的、逗孩子的一句话，却引起了我媳妇的不满。虽然她当时没有说出来，但我还是从她对我说话的语气上感觉出来了。没过一会儿，我们就挂了电话。

到了晚上，媳妇给我发过来一条信息：不允许再说"你看谁谁都会什么了"，好像别人家孩子生下来就会似的，你都没耐心等自己孩子长大。就算是别人的孩子生下来就会又怎么样，最讨厌拿孩子比来比去的，更何况你比的这个这么不靠谱。你不为自己儿子每天的成长变化高兴，却整天想着他还不会什么，这和拔苗助长有什么区别？

看完媳妇发来的信息，我又开心又羞愧。

开心的是，儿子有一个好妈妈，她知道不能拿自己家的孩子与别人家的孩子比。作为家长，我们应该体验伴随孩子成长给我们带来的快乐。我想妈妈以后也一定不会拿我们的儿子与别人家的孩子比身高、比算数、比背古诗、比学习成绩等。孩子不会因为家长觉得他比别的孩子差而给他带来压力，我真的很开心。

羞愧的是，我从事家庭教育工作这么多年，看了那么多家庭教育类书籍，接触了那么多家庭教育失败和成功的案例，早已明白不能拿自己孩子与别人孩子对比，更不能拿自己孩子的缺点与别人家孩子的优点相比的道理，还经常指导别人应该如何教育孩子，可是，我居然犯了与别人相同的错误，这真是"啪啪"地打自己的脸。

不能拿自己的孩子与别人的孩子比，对比只能打击孩子的自信心，引起孩子的不满与对抗，很难起到激励孩子的效果，这道理很多家长都懂。

还有比如要尊重孩子、信任孩子、给孩子自由、陪伴孩子、不能溺爱孩子等，这些大道理很多家长也和我一样都懂，可是到做的时候，是不是也像我这样一不留神就变味了呢？

幸好我媳妇及时提醒了我，我也意识到了自己的错误做法，并保证以后不再犯类似的错误。

所以建议大家在教育孩子的过程中，除了多看书、勤学习之外，夫妻两人也应该相互监督、相互提醒，当爱人指出自己的问题时，应该及时反思，千万不能以自己认为正确的方法去教育孩子，因为我们每个人都是普通人，都存在认识上的误区。

另外，我一直觉得家长只有学会反思，才有可能成为合格的家长，因为只有经过反思才能真正认识到自己的错误，从而接受新的理念，从而进步。

　　现在就可以反思一下，自己以前有哪些地方做得不对。

不再盲目崇拜作业

有一些作业不但没有必要，而且破坏性还很大，这种"垃圾作业"就是加速孩子厌学的催化剂。适当的作业有利于学生巩固知识，而垃圾作业却会把孩子推向学习的对立面。

我一直觉得，很多家长与孩子之间的斗争，都是从家庭作业开始。很少有家长能做到让孩子独立完成作业而自己基本不督促的，而孩子就在家庭作业上与家长斗智斗勇。

有一次和一位家长聊天，他说每天监管孩子写作业是让他最操心的事儿。我建议他适当放手，让孩子自己处理，他说不行，这样孩子肯定完不成。我说完不成就完不成，让他自己承担后果，这位家长却说："那怎么能行，老师留的作业怎么能不完成呢？"

大家都有这样的观点，认为老师留的作业就好比圣旨一样，是必须要照办的。很少有人认识到，有一些作业不但没有必要，反而会对孩子的学习造成负面影响，我把这些称为"垃圾作业"，常见的垃圾作业有两种。

1.大量的无效作业

我们去看一些低年级孩子的作业，往往是把一些新学的生字写三行五行，一些简单的加法计算重复十遍八遍，把昨天作业中的错误再写多少遍。面对大量的作业，孩子们要花多少时间、承受多大的痛苦才能完成呢？

即便是非常用心地写，作业也有出错的时候，把错题重抄十遍八遍就可以保证以后遇到这样的题目不再出错吗？这样一遍又一遍重复已经学会的知识真的有效果吗？

一位荣获"全国特级优秀教师"称号的老师曾说过，根据她这么多年的教学经验，学生们写生字，每个字写3遍效果最好。这是多么简单有效的办法，却不被很多老师和家长认可。

而且我发现，孩子的学习成绩与作业量是不成正比的。也就是说，并非写的作业越多，孩子的学习成绩就越好。太多的作业有时候还会影响孩子的学习兴趣，从而起到负面作用。

2.惩罚性作业

我上小学时也经常遭遇惩罚性作业。我们村很小，全校设学前班和一、二、三年级，但只有一位老师。当老师出去开会的时候，孩子没有了老师的管理难免会不守纪律、捣乱等，老师回来后，对捣乱学生的处罚手段就是：罚写作业。根据被举报的捣乱次数，写对应数量的作业本，比如我被举报捣乱了3次，就要写3个本的生字。记得最厉害的一次，我们学校所有的人都被罚了很多本作业，要求写完的时间又很短，于是学生们"各显神通"，有把本子剪掉一半的，有把作业本画成"九宫格"、每页只写九个字的，还有最厉害的，在作业本上只写"一"这个字，满本的"一"字，现在回想起来反而挺开心的。

惩罚性作业是老师管制学生常用的手段，但已经没有了教育意义。

国家一直在提倡减负，但孩子们的作业却越减越多：以前只有晚上放学留作业，现在很多学校的老师中午放学都会给学生留作业，学生们中午回家吃饭都要带上作业，在吃午饭的前后抓紧一切时间写作业。这不仅迫害了学习兴趣，还会干扰孩子们正常的吃饭、午休时间，从而对身体发育造成影响。

我见过对待孩子作业做得特别好的家长：作为孩子的后盾反对老师的惩罚性作业，甚至代替孩子写一些完全没有必要的重复性作业，比如生字等。而她的孩子并没有因为家长的"纵容"而不爱学习、故意不写作业，相反却品学兼优。这位家长就是《好妈妈胜过好老师》的作者尹建莉老师，而她的女儿圆圆跳级后还考入了北京大学。

作业只是学习的辅助性工具，它没有那么神圣不可侵犯，希望家长能帮助孩子免遭"垃圾作业"的毒害，保护孩子的学习兴趣。对于如何摆脱"垃圾作业"，如果家长想做到就一定会想出办法。

16

曾子杀猪教子

曾子不惜杀掉一头猪而以身作则,教育儿子诚信。父母是子女的启蒙老师,也是最重要的老师,家长品行端正,孩子自然看在眼里、记在心里,也会是一个品行端正的人。

曾子,名参,孔子弟子之一,是我国春秋末期著名的思想家,儒家学派的重要代表人物,著有《大学》《孝经》等著作。

关于曾子杀猪教子的一则故事,出自《韩非子·外储说左上》。

一天，曾子的妻子要到集市上去办事，她的儿子哭着要跟着她一起去。

由于集市离家比较远，儿子又小，所以妻子不想带儿子一起去，就对他说："你回去，等我回来后杀猪给你吃"。

儿子一听有猪肉可以吃，就答应不跟妈妈一起去了，等着妈妈回来吃肉。

妻子刚从集市上回来，看到曾子正在磨刀，准备杀猪给儿子吃。

妻子说："我不过是和儿子开玩笑罢了，你居然信以为真了。"

曾子对妻子说："在小孩子面前是不能撒谎的。他们年幼无知，经常从父母那里学习知识，听取教诲。

如果我们现在说一些欺骗他的话，等于是教他今后去欺骗别人。

虽然做母亲的一时能哄得过孩子，但是过后他知道受了骗，就不会再相信妈妈的话。

这样一来，你就很难再教育好自己的孩子了"。

妻子听后觉得很有道理，于是就帮助丈夫一起把猪杀了，炖肉给儿子吃。

如果家长嘴里说的和自己做的不一致，怎么会使孩子信服呢？

家长朋友们，你会为自己的孩子"杀猪"吗？

17

大声吼叫只会把孩子吓着

语言的内容可以传递信息，同时音调、语速等也能传递信息。对着孩子大声吼叫，孩子在第一时间很难接收到说话内容，只能感受到父母的情绪。

某一年夏天的一个早上，夜里刚下过小雨，路面稍微有些湿，但雨已经停了，没有太阳，天气很清凉、很舒服。

我出门后，在小区里遇到一对母女：母亲30岁左右；小女孩四五岁的样子，穿着粉色的裙子、白色的长筒袜、黑色的小鞋子，背着小书包。

母亲送女儿去上幼儿园。

母亲走在前边，虽然穿着高跟鞋，但走得很急；小女孩在后面跟着，有十来米的距离。

也许是母亲觉得孩子走得太慢了，就回过头来看看，发现孩子正要走一条小路：这条小路比起母亲走的路更短一些，路也更窄一些。

母亲瞬间大吼："别走那，看不到那有脏水吗？"声音之大，以致小区里所有的行人都朝她们看了过来，连我也被吓了一跳。

孩子也被这突如其来的吼叫声吓蒙了，停了下来，抬起迷茫的小脸看着妈妈。

看着孩子睁着大大的眼睛，我就知道她一定没反应过来妈妈说了什么，只是感觉到了妈妈的愤怒。

停顿片刻后，小女孩顺着妈妈走的路跟了上去。

我看着那条小路，路上根本就没有水，而且路面一点儿也不脏。

现在的家长经常说自己的孩子长大后叛逆，家长说什么孩子都不爱听，就爱和自己对着干。造成这种情况的原因，一部分是孩子们接收了太多信息，都有自己独特的主见，并敢于对父母表达出来；但更主要的则是父母的一些错误的沟通方式。

像上述的这位母亲，路上本来没水，却说有水；路本来不脏，却说脏，还冲着孩子大叫，恐吓她。家长如果经常这么对孩子，孩子长大后能不叛逆吗？

像上述母亲这样的说话音调，孩子在第一时间很难接收到妈妈说了什么，只能感受到妈妈的情绪。

就像有些父母在教孩子写作业时，讲了两遍的题目孩子还是不懂，然后父母就火了，声音越来越大，孩子更听不明白：他已经不知道你在说什么了，只是知道你很生气。

所以记住重要的事小声说，着急的事慢慢说。

18

学会鼓励孩子

　　鼓励的力量就是在孩子心中播下一颗信念的种子,它终究会成长为参天大树。

　　"我一看你修长的小拇指就知道,将来你一定会是纽约州的州长",这句普通的话却改变了一个学生的一生。

　　这句话出自美国纽约大沙头诺必塔小学校长皮尔保罗之口,话语中的"你"指的是当时一名调皮捣蛋的学生罗杰·罗尔斯。

　　小罗尔斯出生于美国纽约声名狼藉的大沙头贫民

窟，这里环境肮脏、充满暴力，是偷渡者和流浪汉的聚集地。因此，他从小就受到了不良影响，读小学时经常逃学、打架、偷窃。

一天，当他又从窗台上跳下，走向教室时，校长皮尔保罗将他逮个正着。

出乎意料的是，校长不但没有批评他，反而诚恳地说了上面的这句话，并给予语重心长的引导和鼓励。

当时的罗尔斯大吃一惊，因为在他不长的人生经历中，只有奶奶让他振奋过一次，说他可以成为五吨重小船的船长。

他记下了校长的话并坚信这是真实的。从那天起，"纽约州州长"就像一面旗帜在他心里高高飘扬。罗尔斯的衣服不再沾满泥土，他的语言不再肮脏难听，他的行动不再拖沓和漫无目的。在此后的40多年间，他没有一天不按州长的身份要求自己。

51岁那年，他终于成了纽约州的州长。

著名歌剧演唱家恩瑞哥·卡罗素10岁时，他的音乐老师说："你五音不全，不能唱歌。你的歌声简直就像是风在吹百叶窗。"回到家后，卡罗素很伤心，并向母亲哭诉。这时，他的母亲肯定地说："孩子，其实你很有音乐才能。听一听吧,你今天唱歌时的乐感就比昨天好多了,妈妈相信你会成为一名出色的歌唱家!"后来,卡罗素回忆自己的成功之路时说:"母亲那句肯定的话,让我有了今天的成绩。"

这就是鼓励的力量。适用于调皮的孩子,同样也适用于乖巧的孩子。

19

规矩太多会阻碍孩子成长

　　在儿童教育中，太多的规矩反而会影响孩子的良好成长。给孩子充分的自由就是给予孩子最高层次的爱，这种爱，孩子得到的再多也不会变坏。少立规矩，就是还给孩子自由，是提高爱的质量的重要方式之一。

　　有些父母在生活中为孩子制定了很多规矩，比如，大人说话的时候小孩子不能插嘴，睡觉前要把玩具收拾好，吃饭时不能说话，对于别人的帮助一定要说"谢谢"，等等。

　　以此来帮助孩子养成良好的行为习惯，让孩子成为一个懂规矩的人，是很多家长在教育孩子时的想法，有句古话叫"无规矩不成方圆"。

但是在儿童教育中，太多的规矩反而会影响孩子的良好成长。童年的首要任务不是学规矩，而是在与外界的人和物不断的接触与体验中认知世界，并建立起自身与世界的联系。为了能够尽量多地满足孩子对外界的探索，家庭要减少对孩子的束缚。

而事实是，对孩子教育越重视的家庭越容易给孩子制定各种各样的规矩，施行"高标准、高要求"政策。

比如有这么一位妈妈，精明能干，自己事业很成功，当然也想培养出一个优秀的儿子，所以对儿子的教育很用心，当然她的用心就是给儿子制定各种规矩，严格要求儿子。

为了培养孩子养成良好的卫生习惯，以及自己的事情自己做，从4岁开始，她就要求孩子每天自己把换下的内裤洗干净，哪怕孩子今天不想洗，想放到第二天两条内裤一块洗都不行，因为妈妈说今天的事情必须今天完成。无论何时，吃饭必须坐在餐桌上规规矩矩地吃，要遵守餐桌礼仪，吃饭的时候不能说话，咀嚼的声音不能太大，不能洒饭粒，等等。限制孩子的规矩有很多，也很细致，几乎孩子做的每一件事都有一套标准。

在妈妈和家人的精心管教下，孩子确实养成了很多好"习惯"，但是慢慢地，妈妈发现儿子表现出越来越严重的偏执，几乎没法接受任何稍有变化的事。比如有一次姥姥洗好了葡萄要递给他一串，但是有一颗掉了下来，他就不答应，要求姥姥必须把掉下来的这一颗再接回到葡萄串上。姥姥说接不回去，他就大哭得不依不饶，另给一串也不行。

还有，爷爷每天从幼儿园接他回家都走同一条路，有一天妈妈开车接他回家，想绕道去超市买点儿东西，他就是不让。妈妈没有听他的，把车开到了超市，他就哭闹，要求妈妈把车再开回去，走原来的路回家。

类似这些令人难以理解的行为非常多，而且孩子也很孤僻，在幼儿园不合群，没法和小伙伴们一起玩耍，总是和别人起冲突。

一个原本天真烂漫、无拘无束的孩子，本可以开开心心地以各种各样的方式体验不同的快乐，在"玩耍"中一点点进步，却被五花八门的规矩挤压得心理都变了形，变得不会体恤别人，拒绝合作，冷漠逆反。

哲学家弗洛姆说过："教育的对立面是控制"，现实中却有大把的人把控制当成了教育。如果有人告诉他说:"还给孩子自由,不要给他们设置太多的规矩",他们一定会反驳:"不管着点儿孩子能行吗?让他们想干什么就干什么,那他们还不得上房揭瓦呀"。

有这种想法的人是不会真正信任孩子,不认同"人之初,性本善"的道理,他们会觉得不好好地管教孩子,就是对孩子的不负责任。对人性的不信任,常常是一些人跨不过"立规矩"这道坎的根本原因。

也许有些人会心存担心,认为不给孩子立规矩,让孩子自由自在是溺爱孩子,担心给孩子太多的爱,会把孩子宠坏。持有这种心态的人,其实没有分清爱和溺爱的区别,溺爱不是爱,是包容和过度的物质满足,本该孩子体验、完成的事,家长却代劳了,或者由于给予孩子的关爱太少,从而在物质上补偿孩子。

给孩子充分的自由不是溺爱,是给予孩子最高层次的爱,这种爱,孩子得到的再多也不会变坏。少立规矩,就是还给孩子自由,是提高爱的质量的重要方式之一。

在不冒犯别人和安全的底线之内,所有的一切都可以让孩子去尝试。

也许一些孩子在自由下会显得调皮、不听话,甚至还有一些破坏性。但单纯而正常的孩子是不会没有底线的，随着年龄的增长，他们自然会规范自己的行为。所有的经历，包括犯过的错误，都是孩子成长的必须，很多社会精英在小时候不都是捣蛋鬼吗？

丢掉规矩，我们要对孩子少做加法，多做减法。

孩子，是家庭的一面镜子

孩子是家庭的一面镜子，每个"问题孩子"的身后，都是一个生了病的家庭，孩子的问题都是由父母造成的。

中央电视台"社会与法"频道拍摄过一部纪录片《镜子》，记录了3个"问题孩子"被父母送到特殊的训练营进行改造的经历。

家明（化名），16岁，上网认识了许多背包客，幻想着一个人出门流浪，唱歌、画画，做一个自由的人，不想去学校上学。

张钊(化名)，18岁，因为早恋和网瘾辍学在家4个月，还把父母赶出家门，自己与女朋友住在家里。

泽清(化名)，14岁，初二，辍学两个月，迷恋网络下军棋，还有暴力倾向，多次打过妈妈。

通过纪录片的跟踪采访，我们可以看到，这些"问题孩子"的背后，都反映出了家长的问题。

比如家明在采访中讲：

"本来有很长一段时间(中考结束后)我都可以出去，他们考试前也说过，考试完了随便你想做什么。可是考完了他们却说，以后等他们有时间请了假再带我出去，本来明明说的是我自己想做什么就做什么，他们却从来就没有给过我机会，他们说话就像逗小孩子一样。"

"我想让他们看到我可以，所以我就一直想出去，我一直想让自己变得坚强，我就想让自己不断地遇到困难，要是没有困难，我就超级不舒服，他们永远都会说我是在他们眼皮底下长大的，你说我怎么会不想出去？我要是一直在他们的这种想法下活着，那我又有什么用？"

"我什么事都做不好，我永远都没有自己的想法，什么都是按他们的想法来做，买东西也都是他们给买，衣服全是他们给我买好了，他们就只让我去上学，只要我在学校听课。"

"无论做什么都要经过他们同意，就算我骑车都有限制，我稍微骑远一点儿，骑过武汉的街，他们都不让，我只说到有什么安全措施，话都还没说完他们就直接拒绝，你觉得我能不暴躁吗？我一想到这就非常生气。"

"我说我很喜欢小猫小狗这些小动物，但他们从来就不让我养，我一买回来他们就直接给我丢了。"

"他们根本就不知道我喜欢什么，就喜欢把自己的想法强加到我身上。我现在根本都不知道我该怎么做，他们一直以为我只是一个小孩子，觉得我是一个幼稚的人。他们根本就不相信我。"

张钊也在采访中说道：

"在我的记忆里，我爸笑的表情很少，就算跟我妈一起也一样，他俩在一块，除了吵架还是吵架；跟我在一块，除了看电视还是看电视，我现在想想，最多的时间还是在看电视。"

泽清在采访中说道：

"从小到大，他们什么事情都不跟我商量，总说家里没钱、穷。然后整天跟我说，我不上学，以后就赚不到钱，就找不到好工作，他们一直给我很大的压力。"

"以前和妈妈讲一些事情，她就很不耐烦，就一直说想睡觉之类的。我感觉她不重视我，妈妈用在我身上的时间比较少，她会找一大堆借口，要么说她很累，要么说她工作很忙。"

"我妈妈脾气比较暴躁，有一些家暴行为，不管什么事情，讲到最后都一定说自己是对的。我爸跟她解决不了的时候，一般会用暴力，直接动手，我妈嗓门比较大，而且骂人声音很刺耳。"

"其实我是想着，如果没有家长课堂，我肯定不会来的，我觉得家长课堂实际上比孩子训练更重要，我觉得实际上要待81天的是他们，而我可能只需要待6天。但事实上是我在这待81天，而他们只需要待6天。我觉得我为他们付出挺多的吧。"

然而可怕的是，节目中的3对家长，还不认为是自己有问题、自己做错了、自己需要改正，甚至以工作太忙为借口，不愿意参加6天的家长课堂。他们觉得自己所做的这些都是为了孩子，自己那么爱孩子，为什么孩子就不懂呢？

是爱的方式出问题了。

节目中李品宽老师讲道，这个社会上，开车需要拿证，律师需要拿证，会计需要拿证……但做父母却不需要拿证、不需要学习，就这么简单地做了，而且要做一辈子，也关乎孩子的一辈子。

万一我们做父母的有些地方做错了，还不知悔改，想一想，这是多么可怕的一件事情。

希望每一位家长都学着反思自己，一个时常自我反省的家长，一定会成为一名优秀的家长。

21

孩子能否成才，关键在家庭，而不是学校

　　长时间得不到父母关爱的孩子，内心会有挥之不去的忧虑，甚至还会影响食欲，从而影响身体的健康发育。家长需要及时与孩子沟通，并加以正确的引导。孩子能否成才，关键在家庭，而不是学校。

　　北京的一对朋友，"80后"，很早就在丰台区安了家，工作稳定，收入可观，生活小资。

　　一转眼，孩子就要上小学了。

　　丰台区的教育资源相对比较匮乏，但他们买不起城区的学区房，又不想让自己的孩子"输在起跑线

上"，最后，选择把孩子送到顺义区的一所私立贵族学校读书。

孩子从一年级开始就要住校，每周放一天假，家长可以去学校看望孩子；每月有一周双休，家长可以把孩子接回家住两天。

朋友家是男孩，开始跟孩子说送他去贵族学校上学时，孩子表现得很兴奋，还有些得意的样子，因为幼儿园的大部分同学都选择了在当地上小学。第一次送他去学校也很顺利，虽然爸妈走的时候他很不乐意，但没有哭。

可是过了几天孩子就不行了，经常借老师手机给父母打电话，认识的、不认识的老师都借，打通电话就哭，哭着说想家，不想在这里上学了，饭都吃不下去。

周末，朋友去看孩子，孩子都腻在他们的怀里不让走。

每次月末把孩子接回家，孩子都不愿意写作业，晚上都舍不得睡觉，就缠着他们俩；送他回学校的时候，眼泪巴拉巴拉往下掉。

朋友本来以为过一段时间，孩子适应了就好了。可一学期了，孩子的情况还是这样，现在他们已经开始怀疑最初的选择了。

我本人非常反对家长在小学和初中阶段就给孩子选择全封闭式寄宿学校，甚至有些家长还会给孩子选择全封闭式的寄宿幼儿园。

小学阶段课本知识相对较少，孩子只要有兴趣，学起来还是不太费力的，最重要的是保持孩子的学习兴趣。长时间得不到父母关爱的孩子，内心会有挥之不去的忧虑，他们会自然而然地想到，是因为上学导致自己与父母分离，这样会大大破坏孩子的学习兴趣，没有了兴趣，好的学习效果从何而来？这样甚至还会影响孩子的食欲，从而影响孩子身体的健康发育。

读初中的时候，孩子虽然可以独立，不再那么依赖父母，但这3年有可能会成为他们的转折期，刚刚进入青春期的他们开始有了自己对世界独特的见解，家长需要及时与孩子沟通，加以正确的引导。

所以建议父母们，在给孩子选择学校时，尽量选择离家近的学校，这样可以时常陪伴孩子与孩子沟通。

再差的学校也有好学生，再好的学校也都会有差学生。孩子能否成才，关键在家庭，而不是学校。

梁启超是这样教育孩子的

比起学习成绩，梁启超更关爱子女的身体健康，注重培养子女坚强的意志和顽强的毅力。他认为：子女们能否成才，关键是要看有没有坚强的意志和毅力，这是战胜人生一切挫折的武器。

梁启超作为中国近代史上著名的政治活动家、思想家、学者和教育家，不仅自己功成名就，还把子女都培养成国家栋梁，留下了"一门三院士，父子九专家"的佳话。

除夭折、早丧者以外，梁启超一生养育了9名子女，其中7位出国留学深造，并且都本着爱国之心，在不同时期回到祖国的怀抱。

而成就最大的莫过于梁思成、梁思永、梁思礼3位院士。

优秀的人才一定源于其接受了良好的家庭教育，梁启超是如何教育自己孩子的呢？

梁启超尤为关注子女的早期教育，虽然他社会事务繁多、学术与写作压身，但是他总是会挤出时间对子女进行教育。

他曾在《变法通义》中强调："人生百年，立于幼学"。为了从小培养子女的爱国之心，他还创作了著名的《爱国歌》，他作为一名爱国人士，以实际行动和卓然的文采，熏陶着子女。

梁启超对子女们的学习成绩并不十分关注。梁思庄一次考试得了第16名，大大伤了自尊心。梁启超得知后写信给她："庄庄：成绩如此，我很满足了，能在37人中考到第16名，很不简单。好乖乖不必着急，只需用相当努力便好了。"在写给梁思庄的另一封信中，他又说："庄庄今年考试，纵使不及格也不要紧，千万别着急，我对于你们功课绝不责备，却是因为赶课太过，闹出病来，倒令我不放心。"

对子女们的关爱也是梁启超教育孩子的一大特色。现今存有梁启超写给孩子们的家书多达400余封，即便是四处奔走、繁务缠身，梁启超依然会时常给不在身边的孩子们写信。在信中，梁启超会毫不掩饰自己对子女的关爱。

"你们须知你爹爹是最富于感情的人，对于你们的爱情，十二分热烈。你们无论功课若何忙迫，最少隔个把月总要来一封信，便几个字报报平安也好。"这样十二分热烈的父爱深情，无不充盈于一封封家书当中。

我们选取梁启超1923年写给长女梁思顺的一封信，请大家细细体会一下隐藏于字里行间的父爱。与其说这是一封信，我觉得它更像是一封"情书"。

宝贝思顺：

昨天松坡图书馆成立（馆在北海快雪堂，地方好极了，你还不知道呢，我每来复四日住清华，三日住城里，入城即住馆中），热闹了一天。

今天我一个人独住在馆里，天阴雨，我读了一天的书，晚间独酌醉了（好孩子不要着急，我并没有醉，酒亦不是常常多喝的），书也不读了。找我最爱的孩子谈谈吧，谈什么呢，想不起来了。哦，想起来了。你报告希哲在那边商民爱戴的情形，令我喜欢得了不得。

我常想，一个人要用其所长（人才经济主义）。希哲若在国内混沌社会里头混，便一点看不出本领，当领事真是模范领事了。我常说天下事业无所谓大小（士大夫救济天下和农夫善治其十亩之田所成就一样），只要在自己责任内，尽自己力量做去，便是第一等人物。希哲这样勤勤恳恳做他本分的事，便是天地间堂堂正正的一个人，我实在喜欢他。

好孩子，你气不分弟弟妹妹们，希哲又气不分你，有趣得很（你请你妈妈和我打弟弟们替你出气，你妈妈给思成们的信帮他们，他们都拍手欢呼胜利，我说我帮我的思顺，他们淘气实在该打）。平心而论，爱女儿哪里会不爱女婿呢，但总是间接地爱，是不能为讳的。徽音我也很爱她，我常和你妈妈说，又得一个可爱的女儿。但要我爱她和爱你一样，终久是不可能的。

我对于你们的婚姻，得意得了不得，我觉得我的方法好极了，由我留心观察看定一个人，给你们介绍，最后的决定在你们自己，我想这真是理想的婚姻制度。好孩子，你想希哲如何，老夫眼力不错罢。徽音又是我第二回的成功。我希望往后你弟弟妹妹们个个都如此。（这是父母对于儿女最后的责任）我希望普天下的婚姻都像我们家孩子一样，唉！但也太费心力了。像你这样有这么多弟弟妹妹，老年心血都会被你们绞尽了，你们两个大的我所尽力总算成功，但也是各人缘法侥幸碰着，如何能确有把握呢？好孩子，你说我往后还是少管你们闲事好呀，还是多操心呢？

你妈妈在家寂寞得很，常和我说放暑假时候很高兴，孩子们都上学便闷得慌，这也是没有办法的事。像我这样，独处一年我也不闷，因为我做我的学问便已忙不过来。但天下人能有几个像我这种脾气呢？

王姑娘近来体气大坏（因为你那两个殇弟产后缺保养），我很担心，她也是我们家庭极重要的人物。她很能伺候我，分你们许多责任，你不妨常常写些信给她，令她欢喜。

我本来答应过庄庄，明年暑假绝对不讲演，带着你们玩一个夏天，但前几天我已经答应中国公学暑期学校讲一月了（他们苦苦要我，我耳朵软答应了）。我明春要到陕西讲演一个月，你回来的时候还不知我在家不呢，酒醒了不谈了。

耶告（这两个字是王右军给他儿女信札的署名）。

十一月五日

各位读者朋友，在你们的家庭中，你是否也像梁启超一样，善于表达自己对爱人、对子女的爱呢？你对爱人、对孩子的爱，他们能听得到、感觉得到吗？

23

忽略孩子的"小错误"

很多时候孩子"犯错误"，只是在尝试、在探索，不允许孩子犯错误，本质上是剥夺了孩子的自由，剥夺了孩子自我探索的权力。而忽略孩子的"错误"，给孩子自由，本质上也是在教孩子学会宽容。

我上大学的时候，有一年寒假回家过年。年后的一天下午，我们一大家人坐在一块聊天，堂哥堂嫂们，还有堂哥的儿子，其乐融融。堂哥家的儿子今年刚刚4岁，拿着他爸给他新买的红外线玩具枪玩儿。

那时我另一个堂哥刚结婚，侄子对这个新婶婶

"情有独钟"，不时地瞄准婶婶进行"射击"，婶婶也很配合侄子，每次被"击中"都会倒在沙发上，假装被打死了。

我有些看不过去，觉得侄子太没礼貌了，怎么能用枪"射击"别人呢？于是就当着众人的面，非常严肃地批评了侄子，板着脸告诉他不能这样对人没礼貌。结果玩得那么开心的侄子，"哇"地一声大哭起来。当时我没有太在意，不仅没有内疚，反而觉得自己做得对，是在教育孩子，让他懂得对人有礼貌。

我现在回过头来想这件事，真为自己当时的无知和冲动感到惭愧，侄子只是在和喜欢的婶婶玩耍，我却错误地认为他没有礼貌，还上纲上线地教训孩子。

后来我逐渐认识到自己的错误，于是在和别的小孩子相处中，我基本上都没有了批评，而是处处"纵容"孩子。

比如我外甥女知道我的名字后，就特别喜欢直接喊我的名字，不喊我舅舅，而且每次喊的时候她都特别开心。我也乐于和她玩这个游戏，每次都答应得特别痛快。我们的名字不就是用来让别人喊的嘛，虽然没喊我舅舅，但她一定明白我是一个爱她的好舅舅。

其实很多时候孩子不是错了，只是不成熟，或者说他们只是在尝试、在探索，用"犯错误"来评判孩子的某些行为，本身就是错误；以强制的方式要求孩子符合成人的要求，更是错上加错。不允许孩子犯错误，本质上是剥夺了孩子的自由，剥夺了孩子自我探索的权力。

一个孩子在吃炒面的时候，突发奇想，把整盘炒面倒在自己头上，还开心地说："头发，头发！"

父母并没有因为孩子的淘气而批评孩子，而是陪孩子一块"疯"，说她长出了又黄又粗的头发。等大家玩好了，再给孩子换上干净的衣服，清理"战场"。这是发生在家庭教育学者尹建莉老师家的一幕，她的女儿在这样的"纵容"下，一直是一个品学兼优的孩子。

有时候一些"错误"有可能给父母带来一些麻烦，甚至会增加一些经济负担，但这些不都是孩子成长所必需的吗？孩子在这些"错误"当中得到的体验、体会到的快乐，相比那些"麻烦"，具有太多的价值了。

而忽略孩子的"错误"，给孩子自由，本质上也是在教孩子学会宽容。懂得宽容别人、善于宽容别人的人，格局更大，幸福指数更高。一个人获得了别人的尊重，他就学会了尊重别人；在生活中体会到了宽容，他就不会心胸狭隘、小肚鸡肠。

所以，只要是在安全和道德的情况下，请忽略孩子的"小错误"，给孩子更多的犯错误的权利，让他们在自由的天空下无忧无虑地成长吧。

24

家庭会议是改善夫妻关系、
亲子关系的好方法

家庭会议可以很自然地把对对方的想法提出来，让彼此之间多了一个相互了解的通道，每个人也就多了一个发现并改正自己缺点的途径。

我认识一位男老师，德才兼备，在学校很受学生和其他老师尊重。可是这位老师在家庭中却不那么"春风得意"，妻子的性格比较强势，而这位老师又属于温文尔雅型，平时与妻子沟通很费劲，所以夫妻关系也比较紧张。

朋友了解了他的境况后，建议他通过召开家庭会议的方式，改善家人之间的相处模式。于是在与妻子、孩子商量后，他们决定定期召开家庭会议。为了表示对家庭会议的重视，他还专门请校长为他撰写了"有啥说啥"四个字挂在墙上，每次家庭会议都在这幅字下召开。

他们开家庭会议的内容很广泛，但每一期的内容却很具体，比如相互之间提建议，商量假期去哪玩耍，或者对某一项目开支进行讨论等。

在家庭会议的作用下，他在家中的"地位"得到了明显提升，夫妻关系、亲子关系都得到了很好的改善，他再也不是以前那个"说话没分量"的人，妻子越来越尊重他的建议，二人的话题越来越多；孩子好像一下子也长大了许多，愿意和他们聊天了，不像以前那样让他们夫妻俩难以琢磨了。

他的家庭比过去幸福了许多。

建议每个家庭都尝试着引入类似的家庭会议，它的价值不在于改造谁，而在于让每一名家庭成员都郑重其事地获得表达权，并学会尊重他人。

就如同自己脸上有个小泥点，自己看不到，但别人可以看到一样。每个人都不是完人，身上都有需要完善的地方，但往往自己不知道；每个人在夫妻相处之间、亲子相处之间都需要学习进步。通过家庭会议，就可以很自然地把对对方的想法提出来，让彼此之间多了一个相互了解的通道，每个人也就多了一个发现并改正自己缺点的途径。

而且无论是定期的家庭会议还是家人相处的甜美时光，一家人坐在一起，吃着东西，聊着天，时而严肃时而欢笑，每个人都可以表达自己的观点，每个人都虚心地接受别人的提醒，这里没有争吵、没有批评、没有反驳，一家人其乐融融，何乐而不为呢？

关于召开家庭会议，有几点需要说明：

（1）家庭会议最好能定期召开，召开频率可以一个月一次或半个月一次。如果期间有重要事情需要商量讨论的，也可以召开临时会议。最好不要没有固定时间，什么时候想起来什么时候开，或者刚开始时召开得特别频繁，3天新鲜期过后，以后召开的时间越来越少，家庭会议最好可以长期坚持下去。

（2）每次召开家庭会议，都应该有特定的主持人，对本次会议负责，积极准备积极筹划。家庭中的每一位成员都要有当主持人的机会，可以轮流当会议主持人，提高大家的积极性。每次开完家庭会议，都要确认下一次会议的主持人。

（3）每次开会前几天，主持人都应该与大家确定会议的主题，并确定会议的时间和地点。地点不一定在家里，也可以选在饭店、公园等。

（4）召开家庭会议时，要给每个人充分表达的权力；有人在表达观点时，其他人要认真聆听。尤其要给孩子充分的表达权，可以让孩子给家长提建议，家长会后改正。

孔子说过："父有诤子，则身不陷于不义。"意思是，如果家长能倾听自己孩子的意见，就不会做出错误的举动。家庭会议就是让孩子给家长提建议的大好时机。

（5）做好会议记录，下一次召开会议时，可以对比一下上次会议中提出的事大家是否都很好地完成了，要改正的地方是否都改正了。另外，这些会议记录也留下了家庭的美好回忆，为每个人的点滴成长做见证。

（6）家庭会议切莫做成批评会、批斗会，不能成为个人发泄不满情绪的场所。

25

家长一改变，孩子就改变

一切孩子的问题，都是由父母造成的。父母总以为是孩子的问题，一直想办法改变孩子，其实我们应该从自身做起，积极改变自己，从而影响孩子。

和一个初中同学微信聊天，讨论了她9岁儿子当前的问题、问题产生的原因，以及家长该如何帮助孩子改正的事情。

以下是我们的聊天记录。

同学："我想和你讨论一下该怎么教育我儿子，我儿子现在大了，不好好听话了，叛逆得厉害。"

我："你儿子几岁了？"

同学："9周岁，下半年升3年级。"

我："对于这么大的孩子来说，叛逆一些也不全是坏事，有自己的主见，还勇于表达出来，从这方面来说也挺好。总比那种完全听家长的话，家长让干什么就干什么，不让干什么就不干的孩子强。那样的孩子看起来很乖，好像很懂事，给父母省下了不少麻烦，其实他们已经没有了自己的主见；或者有主见，但在父母的压迫下都不敢表达出来，你想想，这样是不是更加可怕。"

同学："可是他总是和我对着干。"

我："举个例子。"

同学："写作业没有以前认真；不想写作业，写的时候，一会儿做这一会儿做那，就是想玩；写完了我让他检查，但是他就是不检查。"

我："就这样吗？你觉得这对于一个9岁的孩子来说不正常吗？写作业那么枯燥无聊，而且好多的作业都是没太大意义的简单重复，有几个孩子会一直喜欢写作业呢？"

同学："可是老师要留啊。"

我："老师是给谁留的作业？是给孩子的，还是给家长？"

同学："当然是给孩子了。"

我："那你儿子知道作业是他自己的事吗？"

同学："这个肯定是知道的。"

我："既然孩子知道作业是他自己的事，那就让孩子自己完成好了，他自己想什么时候写就什么时候写，写不完就让他自己承担后果；不想检查就不检查，为什么非要让他检查呢？"

同学："想让他从小养成自己检查的习惯。"

我："又不是考试，错就错了，为什么要那么上纲上线？"

同学："平时不努力，考试时他也就不检查了。"

我："你不觉得自己是强盗逻辑吗？平时不检查，考试的时候就不检查了吗？考试和平时写作业的环境能一样吗？考试的时候，如果写完所有的题目还有时间的话，他会自己检查的，谁都想考高分，别用你的思维往孩子身上套。再说了，在你的天天逼迫下，他养成检查的好习惯了吗？"

同学："没有，天天挨打。什么办法都用了，还是不行。"

我："我就知道是这样的结果。你说你儿子叛逆，你想过他为什么叛逆吗？"

同学："因为我管得太严，老是打他还要吼他。"

我："你分析的原因很对，那这样的效果是越来越好呢，还是越来越差呢？"

同学："越来越差。可是有时候我控制不住自己。"

我："既然效果越来越差，那就说明这个方法有问题，不能再用了。而你控制不住你自己，那就是你的问题了。你不能因为控制不住自己，就把气撒到孩子身上。如果你连自己都控制不好，怎么能教出好孩子呢？因为你每天都在给孩子做榜样，孩子天天和你学，你一来气就发脾气，那孩子以后一来气也发脾气，所以他叛逆，和你对着干，再正常不过了。"

同学："看来真是我的问题，不是孩子的问题；我还一直在孩子身上找原因。"

我："所以你要控制你自己，不仅少冲孩子发脾气，还要尽量少管孩子。无论大人小孩子，都不爱让别人管着。你管我说明了：第一，你不信任我，你不相信我自己能把这件事做好，那我就有情绪了，干脆不好好做；第二，本来是我自己的事情，你一管，这就好像变成你强迫我给你做的了，那我当然不爱做了。你想想，是不是这个道理。"

同学："道理我都懂，可我就是控制不住自己。他看电视时间长，我不让他看，他就哭，我就想发火。"

我："为什么不让孩子看电视呢？"

同学："我中午回家了想睡一会儿，所以也想让他睡，养成睡中午觉的习惯。"

我："孩子吃饭睡觉你都强迫人家，你看你这强盗逻辑。这么大的男孩子不爱睡中午觉是很正常的，我小时候我妈也想让我中午睡一会儿，可我就不睡，跑出去和我哥抓鱼。吃饭睡觉孩子会自己调节，饿了吃，困了睡，你以为你是专家呀？"

同学："哎，本来想着让他养成好习惯，看来又是我自以为是了。"

我："就是嘛，孩子想看就让他看吧，学习那么累，放松一下也好。如果你嫌吵，可以告诉他把音量调低些，把自己房间的门关上。"

同学："好的，我明白了。"

我："写作业的事也一样，把权力交给他自己。"

同学："可是老师第二天要检查，要求家长签字。"

我："那你就等孩子写完了，直接签字就得了。"

同学："可是一到晚上9点，他就说困得不行了，我怕他写不完。"

我："如果写不完也可以，允许他写不完，同时也要承担写不完的后果。"

同学："可是孩子写不完作业，老师要叫家长。"

我："如果叫家长，你就跟着去吧，和孩子一起接受老师的批评。让孩子看到，因为他自己没有完成作业还连累了妈妈，他自己都会不好意思的。从老师那出来后你也不要批评他，而是和他说：'儿子没事，因为你刚开始学着自己安排时间写作业，没有安排好时间这很正常，人都是要有一个进步的过程嘛，相信以后就好了。'这样和你儿子说，他还会和你顶嘴吗？"

同学："还可以这样，真是没想到！如果我是孩子，我肯定接受，因为受到了尊重。"

我："对！你很聪明，一点就通，不错，我相信你一定能做到。"

同学："嗯嗯，我一定做到，谢谢你的鼓励。"

我："你看，我小小地鼓励了你一下，你就这么有信心了，孩子也是一样的。"

同学："确实是，不知不觉让你下了个套。"

我："改变，就从孩子的作业开始吧，你和你儿子这样说：'儿子，妈妈觉得你长大了，很多事情可以自己做决定了，所以以后妈妈尽量尊重你的决定。比如写作业，以后你自己把握时间做，妈妈不再催你了，我相信你一定能按时做完。当然，如果有不会的题，随时都可以问我，咱俩一块讨论。妈妈以后也不给你检查了，你自己写完检查之后，直接拿过来妈妈给你签字，你看这样可以吗？'"

同学："好的，这样和他谈，他一定特别开心地就接受了。不过我还是有点儿小担心，怕我真放手不管他了，他真的就不写了。"

我："刚开始的时候，也许他会有一个不适应期，真的就不写作业了，这很正常，因为就像我刚才说的，他在从头学习管理自己的时间，你要对他有耐心。等过了这段时间，一定会好起来的，孩子不会辜负你对他的信任。"

同学："嗯嗯，我知道了。万一我没控制住，又冲他发脾气了怎么办？"

我："道理你都懂了，发脾气是你自己的问题，你要想办法控制，平时多挖掘孩子的优点，发自内心地欣赏他。如果你还是发脾气，这就是你诚心要伤害他，那就随你吧。"

同学："你这么说我明白了，不管怎样，我不能伤害我儿子，我一定会控制住的。"

我："我也相信你，一定可以的。"

第二天，我同学就发过来信息说："昨天晚上我按你说的和我儿子聊了，他都觉得我变了一个人，效果真挺好的，今天早上六点半闹铃一响，他自己就起来了，以前都需要我叫半天才起；现在写作业也不用我催促，自己在那写作业呢。"

我很开心，同学意识到了一切孩子的问题，都是由父母造成的。以前总以为是孩子的问题，一直想办法改变孩子；现在积极改变自己，从而影响孩子。

家长一改变，孩子就改变。家长朋友们，快快转变观念，行动起来吧！

26

简简单单学认字

通过阅读来帮助孩子学习汉字是最有效的方法，而且还能让孩子在不知不觉中喜欢上阅读和认字。在快乐中学习，整个过程是主动而又愉悦的，不会出现厌学和对抗的心理。

曾经看到这样一篇报道，说的是一个4岁的小男孩，认得两千多个汉字。他是怎么做到的呢？原来他爷爷把让孩子认字的卡片贴得家里到处都是，基本上只要是孩子能看到的地方都有字，让孩子每天都认。

这样高强度填压式的方法，确实带来了看起来不错的效果，但是却把认字这件事情孤立起来了，忽略了汉字是为阅读服务的，我不太赞同这一点。试想，如果一个认识两千多个汉字的孩子，却不愿意自己读一本故事书，那认这么多字有什么用呢？

单独识字不是目的，学字是为阅读和写作服务的，而且能够熟练使用，也会加深对汉字的记忆。我们都学过英语，如果单独背单词，忘得也快；但如果把单词放在具体的语言环境中学习，比如用这个单词写一个句子，或者在与别人用英语对话时用上，就会有很好的效果。

通过阅读来帮助孩子学习汉字才是最有效的方法，而且还能让孩子在不知不觉间喜欢上阅读和认字。

尹建莉老师的女儿圆圆上小学前就已经认识了很多汉字。

圆圆能有这样的"成绩"得益于妈妈的教育方式。其实也很简单，从圆圆不到1岁的时候，妈妈就给她读故事，注意，不是讲，而是读。把买来的故事书，用手指着一字一句地读给孩子听。圆圆听得很认真，明亮的双眸里充满了愉悦的光泽，有时候还"咿咿呀呀"地跟着读。因为反复地一遍又一遍地读每一个故事，所以后来圆圆都能把这些故事背出来，有时候还会自己用小手指着书讲一会儿。

后来她们之间还有了互动，圆圆的小手指到哪里，妈妈就读到哪里。就这样，孩子理解了文字的作用，能够把文字和故事内容联系到一起，慢慢地，孩子就开始认识一些汉字了。并且文字在她的眼里一点儿都不空洞乏味，而是有内容的，文字就是故事，是生动有趣的。

后来圆圆开始自己阅读，虽然有些字还不认识，但不影响她读懂故事。故事的趣味性让她体会到了阅读带来的快乐，所以对看书的兴趣越来越浓，通过阅读又认识了许多汉字，从而形成了良性循环。

比起用认字卡片来让孩子一个字一个字地学，尹建莉老师的方法既快乐又高效，孩子在不知不觉中学习，在快乐中学习，整个过程是主动而又愉悦的，不会出现厌学和对抗的心理。

看看我们的祖先们，他们在上师孰的时候，不也是直接从四书五经的课文开始学习的吗？

现代社会如此发达，学习文字其实变得更为简单，比如手机里的游戏也是文字的载体，商场的指示牌、电器的使用说明书、公交站牌，也都是孩子学习汉字很好的场所，家长都可以和孩子一块读一读，并给孩子讲一下是什么意思。

　　家长最好别为了让孩子学字而设置一个专门的学习环境或者学习时间，更好的做法应该是把学习融入到生活中，让孩子在不知不觉中学习。

教育孩子，家长要有自我牺牲精神

相对于物质生活的满足，精神生活的富足对孩子来说意义更大，这需要家长牺牲自己的时间、爱好，有时候还有可能暂时牺牲自己的事业去陪伴孩子。

几次拜读著名主持人王芳的《最好的方法给孩子》一书，最让我感动的是她在陪伴孩子成长过程中所表现的自我牺牲精神，分享给大家，希望对大家有所启发。

王芳女儿小的时候，正是她创业的初期，每天都很忙，忙着录制节目，忙着管理公司，加班是常事。而她家离公司又远：她家在北京西四环，公司在北京东五环。对北京有所了解的朋友都知道，这样一个空间距离意味着什么。

女儿小学一二年级的时候，王芳在学习上没有给过女儿压力，对孩子的考试成绩也不是特别关注，孩子是班里的中等生，她也乐于做一个中等妈妈。

然而在二年级下学期，一次偶然的机会，她看到女儿的字写得七扭八歪，还有很多错别字，这让她意识到了问题的严重性。在朋友的建议下，她决定帮助孩子养成好的学习习惯。

于是接下来的两个月，每天下午5点钟，王芳就开车回家，到家后经常顾不上吃饭，就陪女儿一同找好的学习方法。到晚上8点多钟，当天的内容学习得差不多了，王芳再开车横穿北京城，回到公司处理各种工作。有时候忙完所有的工作，都凌晨1点多钟了。

但即使再瞌睡，每天早上6点半，王芳的闹钟都会准时响起，自己起床后，温柔地叫醒女儿，陪女儿洗脸，给女儿梳头发，女儿吃饭的时候陪她聊天。孩子上学一出门，王芳就一刻也不耽误地扑倒在床上，再睡个回笼觉。

王芳工作那么忙，但是她并没有以此为借口错过对女儿的陪伴，而是通过提高自己的工作效率、牺牲自己的休息时间来陪伴女儿。两手同时抓，结果都挺好：女儿品学兼优，自己的事业风生水起。

您看完之后，是不是和我一样，也很感动呢？

大部分家长能做到尽自己所能给孩子提供好的物质生活条件，比如好吃的自己舍不得吃，留给孩子；在学习上更舍得给孩子花钱买作文书、参考书、学生电脑。这些父母做得很好，这都是家长为了孩子做出的自我牺牲，都是伟大的父母。

同时家长朋友们也应该清楚，相对于物质生活的满足，精神生活的富足对孩子来说意义更大：比如回家后放下手机，陪孩子玩游戏；高效地完成工作，下班后及时回家，陪孩子一起读故事书；推掉那些没有意义的应酬，陪孩子参与一些户外活动；当家长犯错的时候，放下自己的面子，给孩子真诚地道歉；给孩子充分的自由，即使他们闯了祸（没有影响到其他人），给你带来了一些麻烦，也不要去责骂孩子，而是帮他收拾残局……

要做到这些，家长需要做出更大的自我牺牲，牺牲自己的时间，牺牲自己的爱好，有时候还有可能暂时牺牲自己的事业。

家长朋友们，为了自己的孩子，您愿意做这样的牺牲吗？

《摔跤吧，爸爸》中折射的家庭教育

要想孩子成为人生赢家，舍不得孩子吃苦也是不可能实现的。

孩子自由快乐地成长，是在父母对孩子的尊重、信任、关爱、引导下，孩子在学习、努力中自发地感觉到自由快乐，是一种积极的人生观。

《摔跤吧！爸爸》是2017年在国内上映的一部印度电影，影片根据印度摔跤手马哈维亚·辛格·珀尕的真实故事改编，讲述了退役后的摔跤冠军辛格历经种种困难，将两个女儿培养成女子摔跤冠军的故事。

男主人公马哈维亚·辛格·珀尔曾是印度国家摔跤冠军，因生活所迫放弃摔跤。他希望儿子可以帮他完成梦想，赢得世界级金牌，结果却生了四个女儿。本以为梦想就此破碎的辛格却意外发现女儿身上惊人的摔跤天赋，于是重新燃起希望，亲自训练两个女儿摔跤，希望有朝一日实现自己的梦想。两个女儿每天都接受老爸高强度的训练，刚开始她们的内心是有反抗情绪的，所以想尽各种办法逃避训练。转机发生在女儿朋友的婚礼上，是新娘子的点拨，两个女儿才理解了父亲的初衷，体会到了满满的父爱，从此主动努力训练并完成逆转，影片最后以大女儿获得了国际女子摔跤冠军为结尾。

这是一部励志片，同时影片也反映了一些家庭教育理念，我们来分析一下。

1.关于孩子理想的问题

父亲将自己的梦想寄托给孩子，希望孩子可以完成自己未完成的国际冠军梦想。这也是广大的家长朋友们常有的做法：让孩子完成自己的梦想，或者父母把自己的想法强加给孩子，为孩子规划人生路线，比如孩子高考报志愿的时候，父母指定学校和专业；孩子毕业后找工作，父母托人安排；甚至有些孩子谈恋爱结婚，如果父母不中意对方，还会强加干涉。

强扭的瓜不甜，强行加给孩子的理想不是孩子自己的理想，所以影片中两个女儿起初是很抵抗摔跤训练的。

我们一点儿都不否定这些父母的美好初衷，但问题是父母为孩子设计的人生，就一定适合孩子吗？兴趣是最好的老师，如果孩子都不认同父母的安排，怎么会有兴趣呢？没有了兴趣，又怎么会自发努力呢？怎么会有好结果呢？

所以切记不要以家长身份上的权威强行给孩子安排目标和理想。这方面更好的做法应该是，给孩子提供必要的条件让孩子广泛涉猎、广泛接触，通过兴趣让孩子自己给自己设定理想和目标，然后父母多鼓励孩子，和孩子共同努力，帮助孩子来完成理想。

2.冷冰冰的父爱

在两个女儿面前，主人公辛格一直是一位严父，从来不苟言笑。我们从第三方的角度看可以明白其良苦用心，但如果从两个女儿的角度看呢？她们是很难体会到的，因为父亲从来不与她们交流，这也是导致两个女儿对摔跤抵抗的第二个原因。

影片中的主人公家庭非常幸运,遇到了这位十分关键的、为女孩指点迷津的新娘子。如果没有这位贵人的指点,我想两个女儿的抵抗还会继续下去,这个故事后半部分一定会改写。

现实生活中,大部分家庭都很难遇到这样的贵人,结果就是孩子慢慢地沦落下去,家长也慢慢地放弃了,这就是"希望越大,失望越大"。

爱的想法不是爱,美好感觉才是爱。没有不爱孩子的家长,但有很多家长却不会爱孩子。爱他,就让他感受到。

3.用实际行动帮助孩子

影片中最让我感动的是主人公爸爸为了两个女儿的摔跤而想尽各种办法、克服困难、解决问题的态度和行动。举两个例子:训练摔跤身体素质非常重要,为了给女儿增加营养,爸爸想办法让卖鸡肉的老板将100元的鸡肉以20元的价格卖给他,老板还同意了;为了指导女儿摔跤时的问题,爸爸租下了整个电影院来看女儿摔跤的录像,逐条记录并加以分析。

父母就应该这样,当孩子遇到困难时,和孩子共同面对、想办法解决,这样不仅可以高效地解决问题,更能培养孩子的自信和面对困难的勇气,千万别把问题独自留给孩子，而你只做一个旁观者。我们可以想想自己，当自己的孩子遇到问题或者犯了错误时，你是责骂孩子多，还是积极帮孩子想办法多呢？

当然，两个女儿之所以能够取得国际冠军的殊荣，除了天赋以及超级老爸的精心培育外，更重要的，是两个女儿日复一日的刻苦训练。所谓"吃得苦中苦，方为人上人"。要想取得好成绩，没有努力的付出是不能实现的。要想孩子成为人生赢家，舍不得孩子吃苦也是不可能实现的。

我们强调的是让孩子自由成长、快乐学习的观点，大家千万不要理解偏了，这并非否定努力的重要性，这种自由快乐，是建立在父母对孩子的尊重、信任、关爱、引导下，孩子在学习、努力中自发地感觉到的自由快乐，是一种积极的人生观，而非父母无所作为、任由孩子自己发展。

和陶行知学教育

当孩子"犯错误"时，作为家长，你是否会平静地听孩子讲一讲这背后的原因呢？批评孩子对大人来说太容易了，但运用智慧，在不引发孩子负面情绪的同时，让孩子欣然接受，这样的教育，才是最好的教育。

陶行知先生在育才小学当校长的时候，有一天，在校园里看到学生王友用泥块砸自己班上的同学，陶行知当即制止了他，并令他放学后到校长室去。

放学后，陶先生来到校长室，王友已经等在门口准备挨训了。可一见面，陶先生却掏出一块糖果给王友,说:"这是奖励给你的,因为你按时到了这里,而我却迟到了。"王友疑惑地接过了糖果。

随后,陶行知又掏出一块糖果放到王友手里,说:"这第二块糖果也是奖励给你的,因为当我不让你再打人时,你立即就住手了,说明你很懂得尊重别人。"王友眼睛睁得大大的,心里直打鼓,不知道校长到底要怎么处置自己。

过了一会,陶行知又掏出第三块糖果塞到王友手里,说:"我调查过了,你用泥块打那些男生,是因为他们欺负女生。你打他们,说明你很正直、很善良,而且有批评不良行为的勇气,应该奖励你啊!"

王友感动极了,后悔地说道:"校长,我知道错了!同学们再有错我也不应该打人啊。"

陶先生满意地笑了,他随即掏出第四块糖果递给王友,说:"因为你认识到了自己的错误,所以我再奖励你一块糖果。我只有这一块糖果了,看来我们的谈话也该结束了!"说完就走出了校长室。

相信每位朋友看完这则故事都会很感动,我也一样。不过除了感动,我还想找出隐藏在故事背后的一些东西。

王友是因为"打同学"这件"错事"，才被先生叫到办公室接受教育的。但先生在教育王友的整个过程中，却没有一句批评指教的话，而是通过不断地挖掘王友的优点，从侧面引导王友自己进行反思，最后心甘情愿地认错，从而达到教育效果的。

可以推测出，在与王友谈话前，陶先生做了认真的思考和准备，思考以什么样的方式处理会得到最好的效果，挖掘王友在事件中表现出的优点，还认真做了背景调查，去了解王友打人背后的真实原因。

抛开陶先生的方法，如果让别人来处理这件事，我想大多数人会使用正面批评、指正的方法，批评王友打人不对、不应该打人、同学之间应该团结互助等。但王友心理一定会抵触，从而不能达到让他意识到自己错误的结果，因为王友打人是出于一片好心，是出于对别的同学的关爱和保护。

想想我们身边发生的事，当孩子"犯错误"时，作为家长，你是否会平静地听孩子讲一讲这背后的原因呢？你是否愿意花时间亲自去了解事情的真相呢？我想大多数人并没有做到这些，他们往往选择了更方便、更简单的方法，正面指责孩子的错误，因为批评孩子对大人来说太容易了，不需要付出什么，还能表达心中的不满，发泄心中的不快。

　　且不说有时候我们会冤枉孩子，即便是我们批评得对，孩子确实错了，但谁又爱听别人的指责呢？孩子怎么能没有怨气呢？而随着怨气越积越多，孩子也在一天天长大，等到他心中积累的不满太多，又有力量反抗时，他的叛逆就开始了，开始不像以前那么听话，与家长顶嘴，与父母对着干，不爱学习等。

　　教育孩子，请不要想当然，应该多思考。家庭教育就体现在一件一件的小事上，而这一件件的小事没有唯一的方法，却一定有最好的方法。请像陶先生学习，运用智慧，在不引发孩子负面情绪的同时，让孩子欣然接受教育。这样的教育，才是最好的教育。

30

尊重孩子不仅仅是用嘴说

尊重孩子是家庭教育的核心。尊重孩子的选择、性格，甚至尊重孩子的错误，就是对孩子的爱、信任、坦诚和鼓励。

一位妈妈，参加过修远世纪教育公司的家庭教育课程，很开心学到了很多理念，收获满满，所以也很信任这家公司。

当她听说修远世纪要开一个夏令营时，就很想给自己的孩子报名，让孩子也来体验一下。

她是一个自认为很尊重孩子的妈妈，于是这么跟孩子说："儿子,有一个夏令营,妈妈觉得挺好,给你讲讲,如果你也感兴趣,想去参加,咱就报名;如果不想参加,咱就不报。没事,你自己选择,妈妈尊重你。"

于是,这位妈妈给孩子讲了一下夏令营的内容。孩子听完后觉得没意思,就对妈妈说："我不想报,我想回老家跟表哥抓虾。"

妈妈说："好,不报就不报,妈妈尊重你的选择。"

过了几天,妈妈又对儿子说："儿子呀,可能上次妈妈没有给你说清楚夏令营的事,所以妈妈把它的宣传资料拿过来了,宣传资料介绍得更详细一些,你看看,如果你感兴趣,想去参加,咱就报名;如果不想参加,咱就不报。没事,你自己选择,妈妈尊重你。"

孩子看完后还是觉得没意思,就对妈妈说："我不想报,我想回老家跟表哥抓虾。"

妈妈说："好,不报就不报,妈妈尊重你的选择。"

过了几天,妈妈又对儿子说："儿子呀,可能宣传页上边也没有把这个夏令营讲清楚,刚好过几天妈妈要去北京出差,这样吧,妈妈带你去他们公司,让他们的工作人员给你介绍一下。介绍完,如果你想参加,咱就报名;如果不想参加,咱就不报。没事,你自己选择,妈妈尊重你。"

于是，这位妈妈带着孩子来到了修远世纪教育公司，请专业老师给孩子介绍。

孩子听完后还是不想参加，还是想回老家。

妈妈还是说："行，妈妈尊重你，不报就不报，走，咱们回家。"

又过了几天，这个夏令营马上要开始了，妈妈对孩子说："儿子呀，妈妈觉得那个夏令营确实挺好的，你去参加，一定会对你有很大的帮助。所以呢，妈妈给你报名了，你去体验下，如果感觉好，就在那一直待着；如果感觉不好，咱就回来，你说好吗？"

儿子只能无奈地去参加这次夏令营了，并在营上对老师讲了他的这段经历。

如果让我用一个词来概括家庭教育的核心，我会选择"尊重"二字。没错，请尊重你的孩子：尊重他的选择，尊重他的性格，甚至尊重他的错误。因为尊重包含了对孩子的爱、对孩子的信任、对孩子的坦诚、对孩子的鼓励……能做到真正尊重孩子的父母，一定是会爱孩子的父母，孩子也会感受到自由快乐；孩子在这样的环境下成长，一定会成为一个积极乐观、努力上进的人。

现在大部分父母都是比较开明的，懂得尊重孩子的重要性，你们的教育理念很棒。

同时我要提出的问题是，自认为尊重孩子的家长真正做到尊重孩子了吗？

这个例子看起来很好笑，可是很多家长每天却做着类似的事情。自认为尊重孩子，口口声声说要尊重孩子，而实际却恰恰相反。孩子不但没有体会到父母的尊重，还从父母身上看到了虚伪、狡猾、诡计多端。

要做到真正尊重孩子，首先要明白孩子是一个独立的个体，有自己的主观能动性，他们有自己的感觉，有自己的观点，有自己对事务的判断，请不要以大人的标准评判某件事情的好坏，而是学着理解孩子；要看到孩子身上的优点，欣赏孩子，无条件地爱自己的孩子；要信任孩子，他自己的事情他可以做得很好，鼓励他，即使有些地方做错了、吃亏了，甚至闯祸了，就当作是成长过程中必要的学费。

就像自己是怎样的一个人，不是自己说了算，而是别人怎么评价。同样，家长是否做到了真正地尊重孩子，你不妨问问孩子；如果他说不是，请你不要生气，让孩子说说原因，再给你一些建议，按照孩子的要求去改进，你就会进步得很快。

当然，你不必担心孩子会得寸进尺、给你提出一些过分的要求，如果你带着真诚向孩子请教，他一定会对你负责任的。

31

你羞辱过你的孩子吗？

发脾气、打骂、羞辱孩子是最无效的教育方法，不但难以达到激励效果，还会带来很多负面作用。

曾经有一位父亲给我讲述过他教育孩子的一个方法，让我十分惊讶。

这位父亲当过兵，退伍后做生意，通过自己的勤奋努力，外加一点点运气，事业做得很不错。

由于自己文化水平不高，与别人打交道时总觉得低人一等，所以十分在意儿子的学习状况，希望儿子能够通过学习出人头地。虽然在学习方面花了很多钱，上了很多课外辅导班，但孩子的成绩一直很差。

这让父亲很恼火，所以每次考试后参加家长会时，他都会让孩子站在讲台上，当着全班同学和家长的面责骂孩子，甚至羞辱孩子；并让孩子当众许诺，今后会如何努力学习，下次考试一定要进步多少名次，等等。

他说孩子每次都非常害怕，战战兢兢地连话都说不利索，而且学习成绩也从来没有提升过。虽然孩子还在小学阶段，父亲已经对孩子失望透顶，基本放弃了孩子的学习。

这位父亲想要通过当众责骂、羞辱的方式激发孩子学习的动力，殊不知这样不但难以取得激励效果，还会带来很多负面作用。

⑴ 摧毁孩子的自信心，不但让孩子对学习没有信心，在人际交往上也畏首畏尾。

⑵ 恶化亲子关系，导致孩子的叛逆行为。

⑶ 扼杀孩子对学习的积极性，甚至厌恶学习。

发脾气、打骂、羞辱孩子是最无效的教育方法，或者说，这根本就不是教育，是教育的对立面。家长发脾气只是在发泄自己心中的不满，是自己无能的表现。

教育孩子应该是一个越来越轻松的过程，如果你觉得越来越吃力，一定是哪个地方出错了。

32

"勾引" 孩子爱上阅读

儿童的天性都是喜欢阅读的，家长应该在其年幼的时候对孩子进行适当的阅读引导。家长的行为和感受，会给孩子传递一种"读书真快乐"的"假象"，孩子自然而然地就会被吸引过来。

英国著名儿童文学作家罗尔德·达尔，写过《女巫》《玛蒂尔达》等多本畅销书。他小时候的学习成绩非常差，而且还十分讨厌去学校。一个偶然的机会，康娜太太走进了达尔的学校，而且她每次来的时候，都拿一本书大声地读给孩子们听。康娜太太对读书的热爱深深地感染了达尔，一年之后，达尔就变成了一个贪得无厌的小书虫了。

其实儿童的天性都是喜欢阅读的，凡是那些表现出不喜欢阅读的孩子，都是因为家长在其年幼的时候没有对孩子进行适当的阅读引导，或者没有给他们提供合适的阅读环境。

如果孩子不爱看书，家长首先要检讨自己，自己如果从来不读书，孩子怎么可能会喜欢呢？试想一下，家长每天晚上看电视、玩手机，却要求孩子看书，这可能吗？

而良好的阅读习惯，一定是年幼时期培养起来的，学前阅读是习惯养成的黄金时期。在孩子很小的时候，妈妈陪孩子读故事书，就是一个很好的开始。也许这时孩子还不识字，那也没关系，指着书本给孩子读出来。每一个孩子都是爱听故事的，让故事和书联系起来，他们自然会喜欢上双手捧书阅读的感觉。

如果你要让孩子喜欢上阅读，就千万不要直接要求他"看书去"，也不要总拿他不爱读书来说事，更不能批评他不爱看书。除了上边的亲子阅读方法之外，还可以通过"勾引"达到目的，做到有心而无痕。

比如孩子在看电视，父母走到他面前对他说："你自己看电视吧，我和爸爸去那屋看书了。"然后你们带着书去卧室读，还时不时地讨论下书中的内容，开心的时候咯咯地笑出声来。家长的行为和感受，给孩子传递了一种"读书真快乐"的"假象"，这样自然而然的，孩子就会被你们吸引过来，和你们一块看。

关于阅读的误区，在这里提醒一下。

1. 不要带有功利心看待阅读

很多家长对待孩子课外阅读都是带有功利心的，希望课外阅读可以促进孩子提高语文成绩，比如提高作业水平、阅读理解能力等。大量的课外阅读确实能促进孩子的语文学习，但这仅是阅读强大功效的冰山一角，阅读对一个人最大的作用是提高其对世界的认知能力，净化人的心灵；同时阅读功效的发挥是一个相对缓慢的过程，太急于眼前的语文成绩提高，也许会令家长失望。

就像对待事业，应该"追求理想，顺便赚钱"，对待阅读，也应该"爱上阅读，顺便提高语文成绩"。

2. 不要强制孩子阅读

任何一件事情，如果强制要求一个人去做，效果一定不会太好。阅读也是一样，家长可以强制要求孩子坐在书桌前，眼睛盯着书看，但孩子却不一定能看得进去。如果你想让孩子爱上阅读，那就通过良好的阅读氛围去诱惑他吧。

我有一个同事，儿子读初中的时候，同事的朋友送他一套《中国四大名著》，他觉得这书应该让孩子多看看，就要求孩子写完作业后读，可儿子就是不爱看。

后来他想了一个办法，不再要求孩子看了，而是自己一有时间就抱着其中的《三国演义》读。读到精彩的地方，自己还笑几声，有时候读着读着，还发几句小感慨。尤其在吃饭的时候，爱人喊好几次才去吃，还故意装出舍不得放下书去吃饭的样子。

孩子慢慢就被吸引了，跟着他一块看，也被里边的故事情节吸引住了，后来一口气把四本书都读完了。

我还见过一位老爸，为了鼓励女儿看书，为她搭建了一个专属阅读空间，布置得如同童话中的书屋一般，孩子特别喜欢静静地坐在专属阅读空间里看书。

人最难以抗拒的是诱惑和鼓励，最讨厌的是被强迫。在教育中也是一样的道理，想要孩子接受什么，就去诱惑他、鼓励他；想要他拒绝什么，就去强迫他。

3.不必担心阅读会影响孩子的学习成绩

大量的课外阅读会占用一定的学习时间，但却不会影响孩子的学习成绩，相反还会促进孩子的学习。

阅读时，文字这一抽象符号变成了信息载体，阅读的过程就是我们的大脑将抽象符号转化成信息，进而再加工、吸收的过程，而这一过程对智力开发大有益处。

学习是一个复杂的工程，高学习效率是取得高分的保障，而智力和情绪是影响学习效率的重要因素。大量阅读给孩子带来了丰富的知识储备，让孩子得以发散思维，从而提升学习效率。

另外，对于爱阅读的人来说，阅读并不是一件累人的事情，相反，他们可以通过阅读得以放松，阅读是他们休息大脑的一种方式，而适当的休息也是学习过程中必不可少的。

33

抛弃对电子游戏的误区

游戏是儿童成长必需的营养品，它不是零食，而是像一日三餐那样不可或缺，孩子需要通过游戏来体验、模仿、学习，从而进步。孩子是有良好的自我调节能力，给孩子足够的时间和耐心，相信孩子一定可以把游戏、学习、阅读等几方面调节好。

一位朋友打电话给我，问我知不知道哪里有全封闭式、半军事化管理的小学。我很疑惑，问他找这种学校干什么。他说他二姨家的表弟玩电子游戏成瘾，父母怎么管都不听。所以想把他送到这样的学校，让人家好好管理一下，改掉他身上的毛病。

后来我与同学的二姨通了电话，详细地听她介绍了孩子现在的情况，孩子确实对电子游戏很痴迷，玩的时候可以达到"废寝忘食"的程度，不吃饭不睡觉地玩，打游戏已经严重影响了孩子的学习。

为了控制孩子玩游戏，给电脑设密码、不给孩子手机、规定孩子玩游戏的时间、强制关机，甚至还经常打骂孩子，父母把所有能想到的招儿都用了，但所有招儿都失灵，实在没有办法了，才想到要把孩子送进全封闭学校。

我首先否定了他们计划把孩子送到全封闭学校的想法。孩子还未成年，正是身体和心理发育的重要时期，而这种全封闭、半军事化的学校以严格管理为重要手段，限制学生人身自由的同时，对他们的精神世界也进行冷酷而粗暴的碾压。在这里生活过的孩子，有可能被迫妥协而变得顺从，但精神世界一定会留下病痛，难以愈合。

孩子现在玩游戏如此痴迷，确实有些问题，但我们不要忘了"一切孩子的问题都是由家长造成的"，解铃还须系铃人，还得从家里寻找解决问题的办法。

这个案例让我想起家庭教育学者尹建莉老师曾经

做过的一次调查，大意是：你的孩子在玩手机游戏，这时吃饭时间到了，你的饭已经做好端上了餐桌。你喊了他两次过来吃饭，他都没有停下，还在那痴迷地玩着。面对这种情况，请从下边两个选项中进行选择：A：不带任何责备地把饭端给孩子，让孩子边玩边吃；B：自己吃完后把饭收拾起来，不让孩子吃，作为对他的惩罚。

面对这样一道题，我想我这位同学的二姨一定会和大多数人一样选择B选项，因为在他们看来，孩子到了吃饭的时候还玩游戏，这是个错误，还不听家长的话，就应该受到相应的惩罚。

这样真的就好于A选项吗？

让我们先从游戏说起。

很多家长还没有意识到游戏对儿童的重要性，认为游戏可有可无；尤其当玩游戏与学习有冲突的时候，认为游戏必须为学习让路。

其实不然，孩子可以通过游戏来体验、模仿、学习，从而进步。比如玩积木，孩子们也希望把积木搭高，于是他们在游戏中思考、动手、静下心来、向别人学习、与别人合作，就这样，孩子一点点地进步了。

另外，玩游戏给孩子带来轻松愉悦的感觉，这对孩子来说也是不可或缺的。我们所追求的，不就是幸福快乐吗？玩游戏给孩子带来的快乐，不也是货真价实的快乐吗？

电子游戏也是游戏的一种，只不过与其他游戏相比，玩电子游戏所用的道具有所不同，同时更有吸引力一些罢了。再加上它的方便性，不需要固定场所，不需要其他道具，随时随地都可以玩，甚至躺在床上都可以，比玩别的游戏还舒服。这样看来，大家喜欢玩电子游戏也就很正常了。

而电子游戏的难度往往要高于一般的游戏，比如现在很火的《王者荣耀》，要想玩得好、赢得胜利不容易，需要几个人的配合，玩的时候不仅眼手都要快，大脑还得不停地思考，思考最优的战略，同时遇到了紧急情况还得应对。

从这个角度来看，电子游戏不仅调动了眼手的协调性，还开发了大脑，也是一件好事呢。

很多家长担心孩子玩游戏成瘾，影响学习，比如我同学二姨家的孩子现在这样。

其实我们每个人在轻松愉悦的情境下，都有良好的自我调节能力，儿童也不例外，给孩子足够的时间和耐心，相信你的孩子，他一定可以把游戏、学习、阅读等几方面调节好。如果家长尊重孩子，完全给孩子自由，让他自己选择玩电子游戏与写作业的时间，他一定不会那么上瘾地一直玩游戏，他知道自己除了游戏，还要学习。

正是由于家长不信任孩子自己可以管好自己，进而限制孩子玩游戏的时间，给他提出了玩游戏的条件，才让孩子对游戏越来越上瘾。因为有了限制、自己不能做主了，所以他需要想尽办法多玩一会儿，到了家长规定的时间需要下机的时候，能拖延就拖延，于是就这么被动地上瘾了。

这样就把孩子与家长放在了对立的两方，家长要控制，孩子要反控制，家长觉得孩子不懂事，不上进，没有自控力，不好好学习，就知道玩，对孩子越来越失望；孩子觉得家长不理解自己，不给自己自由，处处管着自己。于是矛盾就这么来了，亲子关系也不断恶化。

所以，对于孩子玩游戏这件事，家长还是不管为好，即"不管其实是最好的管"。当然也有些家长担心，担心孩子处理不好怎么办。其实，就如同对待孩子的学习成绩一样，只要孩子做得"差不多"就可以了，没必要要求那么完美，偶尔的一次考试成绩不好，偶尔的一次玩游戏忘了写作业，甚至有那么几天因为玩游戏不想写作业，这也是正常的，家长不要担心。你那么理解孩子、尊重孩子，他怎么会让你失望呢？他怎么舍得让你失望呢？

控制孩子玩游戏只是生活中的一个方面，但它却反映出了家长对待孩子的态度。一个控制孩子玩游戏的家长，在其他方面也会对孩子进行控制，写作业、上辅导班，甚至吃饭睡觉都会唠叨几句。

在这样没有自由的环境中长大的孩子，往往会走向两个方向：一是随着孩子年龄越长越大和积压的不满越来越多，孩子会越来越叛逆，不再像以前那样听话，家长像以前那样对孩子管控的效果会越来越差；另外一种是孩子确实在家长的管理下变得乖巧了，按时写作业，按时吃饭睡觉，家长不让做的不去做，但这些孩子已经没有了自我意识和创新精神，他们完全生活在父母设定的规矩中，将来也不会有太大出息。

让孩子当老师，激发学习动力

越是学习成绩优秀的学生，其自主学习的动力越强。家长应该想办法激发和保持孩子的学习兴趣，创造良好的学习环境。

有这样一个农民家庭，女儿考入清华大学，3年后儿子考入北京大学。

当被问及有何绝招时，这位父亲朴实地说道："我这人没什么文化，其实也没啥绝招，我只不过是让孩子教我罢了！"

原来，这位父亲小时候家里穷，自己没念过书，自然也就没什么文化教孩子。但他又不能由着孩子瞎混，于是就想出一个办法：每天等孩子放学回家，他就让孩子把学校老师讲的内容给自己讲一遍；孩子做作业，他自己也跟着在旁边读孩子的课本，弄不懂的地方就问孩子，如果孩子也不明白，就让孩子第二天去问老师，晚上回来再给自己讲。

就这样，孩子在学校当学生，用心学习；回家当老师，给父亲讲课，学习的劲头甭提有多大！哪怕是别人的孩子在外面玩得热火朝天，他家的孩子也不为所动。就这样，两个孩子的学习成绩从小学到高中一直十分优秀，分别考上了清华大学和北京大学。

由于工作的原因，我与很多优秀大学的学生交流过，其中也不乏一些高考状元。我发现，越是学习成绩优秀的学生，其自主学习的动力越强，没有一位是在父母的压力、逼迫、监管下成为高考状元的。

有些家长自己小时候没有刻苦努力学习，而且当下的生活又不是很如意，觉得是自己吃了没有好好读书的亏，所以特别担心孩子将来也像自己一样，于是十分重视孩子的学习情况，尤其重视考试成绩，不断地给孩子学习上施加压力。

殊不知，外部的压力根本无法持久地转化成内在的动力，有时还会适得其反，影响孩子的学习兴趣。

这就是为什么有些孩子刚开始上小学的时候，在父母的监管施压下学习成绩不错，但到了高年级的时候却下降厉害的原因。

家长应该做的，是想办法激发和保持孩子的学习兴趣，创造良好的学习环境。当孩子学习上遇到困难时，帮助孩子解决，及时给予鼓励；当孩子取得了可喜的成绩时，不要吝啬你的赞美。

如何避免孩子遭遇校园暴力

当孩子偶尔遭遇校园暴力时,家长一定要做孩子的坚实后盾,积极正面地帮助孩子解决问题。家长与孩子的日常生活中,要尊重孩子,平等地与孩子交流,陪伴孩子玩耍、阅读,建立孩子的自信心,让孩子不再惧怕恶势力。

2017年6月,一名男学生被逼吃粪便的视频在网络平台疯传。在这段1分30余秒的视频中,这名男生被逼站在厕所角落,在至少两人的逼迫下,用手触摸粪便,并被迫舔了触碰粪便的手指,直至被逼将手指伸入嘴中。

拍摄者不时口出脏话，并手持棍棒敲打受害者。即便受害少年带着哭腔求饶，仍遭遇脏话辱骂、敲打。

近年，网络上类似校园暴力事件频繁出现，每次都会引起社会的强烈关注，让人触目惊心。

我想家长朋友们一定和我一样，在谴责这些校园暴力事件的同时，还有隐隐的担忧，担心自己的孩子会成为被欺负的对象。那么家长应该如何做，才能让孩子远离校园暴力呢？

首先，我们有必要界定一下，什么情况属于校园暴力。我认为那些肇事者毫无理由地对他人进行羞辱、打骂，严重损害了受害者的自尊心，给受害者带来了极大的生理痛苦和精神痛苦，受害者完全不情愿地被动接受，而肇事者却以此为乐，这样的事件可以划归为校园暴力事件。

而一些同学之间因为某些原因产生分歧，以至于吵架甚至打架，这只能算是"人民内部矛盾"，不算校园暴力。

如何才能让孩子避免遭遇这样的暴力事件呢？

(1) 在与孩子的日常生活中，家长不以打骂、羞辱等暴力方法教育孩子，而是尊重孩子，平等地与孩子交流，陪伴孩子玩耍、阅读，陪孩子参加户外活动。在这种阳光、快乐环境下成长的孩子，一定是勇敢的、乐观的、正直的、积极向上的人。而这样的人，无论是在学校，还是今后步入社会，不仅不会受人欺负，相反，还会得到周围人的尊重、喜爱、认可，大家都愿意与他成为朋友。满身的正能量，是保护孩子最有效的武器，也会使一切社会不良现象与之远离。

如果家长常常因为孩子做错了事或者自己心情不好而冲孩子发脾气，甚至打骂、羞辱孩子，就会严重破坏孩子的自尊心，让孩子变得畏首畏尾、不自信、胆小怕事、遇事毫无主见。

而这样的孩子，往往是被人欺负的对象。因为欺负别人，无论谁都是拣"软柿子"捏的。

同时，如果家长经常用暴力对待孩子，孩子会失去对家长的信任，当遇到困难、问题的时候，不愿与父母反映、交流，甚至寻求帮助。因为他们知道，如果把自己的遭遇告诉了父母，不仅得不到帮助，反而会得到来自父母的批评与责骂。

②当孩子偶尔遭遇校园暴力时，家长一定要做孩子的坚实后盾，积极正面地帮助孩子解决问题，比如

去学校向老师如实反映情况。如果老师处理不当，或者无力处理，家长还可以带领孩子向肇事者的监护人反映情况，甚至寻求法律手段来解决。

家长一定要行动起来，做孩子的坚实后盾，来自家长的保护会给孩子带来无穷无尽的力量，让孩子不再惧怕恶势力。

(3) 如果孩子经常遭遇校园暴力，家长应该意识到，问题的重点已经不是校园暴力本身，孩子遭遇暴力事件只是问题的表象，真正的本质，是孩子的软弱、懦弱、自卑，以及社交能力的严重缺陷。

孩子自身性格的缺陷，才是其一次又一次被别人欺负的根本原因。如果再这样下去，孩子还会患上心理疾病，将来步入社会也难以立足。

家长应该做的，就是想办法让孩子重新自信起来，变得勇敢。除了反思自己以往的教育方法，最有效的，就是教孩子以后再面对这样的暴力、霸凌时，毫不犹豫地还击。可能会遭到对方更凶狠的攻击，但如果每次孩子都能毫无惧色地反抗，相信几次之后，不会有人敢再欺负他。没有了负面事件的影响，孩子才能把全部的精力用于学习、成长。

孩子也许不敢反击，家长可以在家和孩子练习，假设家长自己就是施霸的一方，让孩子攻击自己。也可以在孩子无准备的情况下触碰他，练习孩子条件反射地回击。

要让孩子明白，我们不挑事，但也不怕事；我们不欺负别人，但也绝对不允许别人欺负自己。

以阳光心态面对孩子的早恋

　　孩子进入青春期，对早恋内心充满无限的遐想、憧憬和渴望，同时也充满矛盾，渴望有人指点迷津、指明方向。家长应该以阳光健康的心态看待孩子，信任孩子，与孩子建立起顺畅的沟通渠道，分享孩子的喜悦，解决他们的焦虑。

　　早恋是每一位进入青春期孩子的父母所担忧的问题，先来看两个案例。

　　一位妈妈给尹建莉老师发短信求助，说初三的女儿有男朋友了，问自己该怎么办。后来尹老师了解到，原来她女儿在学校有一个关系比较好的男生朋友，两人经常在课间聊天，手机上的短信发的也比较多。她女儿的生日party也邀请了这位男生，这个男孩子也送了礼物给她女儿，就是这么回事。

尹老师告诉这位妈妈，她把问题想得太严重了，孩子们的交往很正常，什么事都没有，而且也不会出什么乱子。

这位妈妈还是有所担心，怕如果她不管，任由女儿和这个男生发展下去，万一真谈恋爱了，影响学习。在尹老师的建议下，她与女儿谈了一次话，取得了很好的效果。

首先告诉女儿，她这个年龄对异性有好感是很正常的事，说明你懂得欣赏别人，心理健康的人都会有这样的经历。同时，如果有男生喜欢你，也说明你是一个优秀的、可爱的女孩。

接下来告诉女儿，青春期的男生、女生对异性产生好感只是一个开始，女儿作为一个优秀的女孩子，今后还会遇到很多欣赏自己的人，对这些人我们要心存感激；同时你也会遇到许多值得欣赏的男孩子，他们每个人身上都有不同的优点，我们要向他们学习。

最后告诉女儿，一个人只有自身优秀，才值得别人去欣赏。判断一个学生是否优秀，最主要的因素是学习，好好学习，自身的气质与能力不断提高，才能得到别人的欣赏，同时自己也会懂得如何欣赏别人。

这次谈话之后，女儿虽然还会和这位男生交往，但是，是很正常的交往，和别的同学没什么两样。

这位妈妈悟出的道理是：只要大人内心阳光，孩子内心也会阳光。

再来看另外一个案例。

一对男女同学谈恋爱，一天男生把女孩带回自己家里。男孩子的妈妈接受不了儿子早恋，不仅臭骂了儿子，还臭骂了女孩。女孩子倍感委屈，无法忍受屈辱，断然决定与男孩分手。可是男孩子始终放不下女孩子，于是开始了长达二十多年对女孩子的追求。男孩子下定决心，除该女孩子外宁愿终身不娶；女孩子心里既有来自男孩子妈妈抹不去的阴影，又有对男孩子的爱恋，所以一直没有嫁人，直到两人都年近四十，才终成眷属修成正果。

从这两个案例中我们可以看到，在早恋这件事情上，家长其实有两种做法，一种是柔和地平息疏导，一种是强烈地刺激强化。

在面对孩子早恋的问题时，家长应该尽量采取疏导平息的方式。不要觉得如临大敌，把事情想得特严重，回想一下自己走过的青春岁月，这种情愫的萌发是多么正常。

正常的孩子在对异性产生好感的同时都会伴有不安与自责，甚至有些孩子还会有负罪感。内心充满无限的遐想、憧憬和渴望，同时也充满矛盾，渴望有人指点迷津、指明方向。但是他们又难以对家长告以实情，所以家长的理解与帮助就会显得尤其重要。与孩子建立起顺畅的沟通渠道，分享孩子的喜悦，解决他们的焦虑，告诉他们底线是不能做出出格的事，那样伤害自己，伤害家人，也伤害对方。

如果家长抱着太过严肃的态度去看待早恋，一发现孩子早恋的苗头就强制性打压，不仅不会从根本上解决问题，还有可能把孩子推向不可自拔的境地，甚至影响孩子今后的爱情观和婚姻观。

在现实生活中常常见到这种现象，父母的干涉非但不能减弱恋人之间的爱情，反而使之增强。父母干涉越多，反对越强烈，恋人之间就会爱得越深，这种现象被心理学称为罗密欧朱丽叶效应。

为什么会出现这种现象呢？这是因为人们都有一种自主的需要，都希望自己能够独立自主，而不愿意自己是被人控制的傀儡。一旦别人越俎代庖，替自己做出选择，并将这种选择强加于自己时，就会感到自主权受到了威胁，从而产生一种抗拒心理，排斥自己被迫选择的事物，同时更加喜欢自己被迫失去的事物，就是这种心理机制导致了罗密欧与朱丽叶的爱情故事一代代上演。

人是很容易受到暗示的，如果一个人总是被暗示品行优秀，他就会认为自己品行优秀，并努力朝着这个方向发展；如果总被暗示自己有某个问题，他也会慢慢地认为自己有这方面的问题，并自暴自弃。

成人以阳光健康的心态看待孩子、信任孩子，孩子也一定不会让你失望。如果总是给孩子传递负面能量，孩子每天被来自家长的、老师的严格管制包围，那么他总有一天会被攻破。早恋是这样，其他方面也是这样。

以一位女校长的一件事情结束这篇文章，希望对家长朋友能有所启发。

一位女校长发现学校里有一名男生经常与女生打架，调查后得知，这个男孩有心理疾病，总是控制不住自己去摸女同学的腰，女同学肯定会生气，因此经常打架。

了解基本情况后，校长并没有批评处罚这位男生，而是把他叫到自己办公室，对男孩说："来，搂住老师的腰，直到你觉得可以的时候，就放手，就可以走了。以后再有控制不住的时候，就来办公室找老师，搂住老师的腰。"几次以后，这位男生的问题就解决了，再没有侵犯过其他女同学。

为自己的行为后果买单

孩子调皮、偶尔闯个小祸、犯个小错后，家长应该正确地引导孩子为自己的行为后果"买单"，让孩子学会自己弥补错误后的损失。

一次我和家人去吃火锅，一对父母带着两个小男孩坐在我们隔壁桌。这两个孩子一直吵闹不休，不一会儿，便离开桌子互相打闹起来。

可能一时失手，一个孩子把我们这桌装火锅菜盘的架子推倒了，菜也撒了一地。

孩子的父母看到后，立刻要求孩子跟我们道歉。

两个孩子慌慌张张地说了"对不起"，然后就回座位上去了。

我们自己蹲下来捡菜，在捡的过程中，看到那两个孩子正在看我们，就随便问了一句："你们要不要过来帮忙？"

两个孩子先是愣了一下，然后较大的孩子回答："可是我们已经说过对不起了。"他妈妈看了我们一眼，说到"哎，你看，真的很不好意思啊！"

就这样，我们自己把地上的菜全部收拾好。

您觉得这位妈妈的教育如何？

孩子调皮，偶尔闯个小祸、犯个小错是再正常不过的，家长没必要辞严义正地责骂孩子，也没必要因为错事去惩罚孩子。

但此时家长的回应也很重要，这将影响到孩子是否会对做错事有正确的认识。就像上述事件，如果仅仅是让孩子道歉，而没有让其自己弥补错误后的损失，那孩子从中学到的就是：我做了错事，只要说声对不起就可以了，不需要承担后果。那么今后，孩子犯的错可能会越来越大，因为反正自己不需要为错误买单。

所以引导孩子为自己的行为后果"买单"还是有必要的。有时候不是孩子自己不愿意，而是他们不知道该怎么处理。"快，帮叔叔把菜捡起来"这样一句简单的提醒，孩子一定很愿意接受。

小学阶段
应该以保持孩子的学习兴趣为主

　　小学阶段不是拼努力、拼成绩的时候，一味地看重学习成绩，给孩子带来太大的压力，势必阻碍孩子的身心发展，最终的结果也得不偿失。只要孩子一直保持对学习的兴趣，又掌握了学习技巧，自然就考出好的成绩了。

　　我们来看一位妈妈的困惑。

　　我家有两个女儿，姐姐今年8岁，开学后升3年级；妹妹两岁多一点儿。

目前在大宝的教育上我好像出现了问题，期末考试的时候大宝成绩不太理想(要求也不高，排名中上即可)，所以买了些练习题给她做，两本数学，两本语文，一本英语，每本每天完成两页，想帮她再巩固一下二年级的内容。

我测试过，她做完当天所有作业的时间大约需要2小时。

一开始还好，每天我下班回到家里前她能把所有作业完成，可是慢慢就拖到我下班后才能做完，不想养成她做作业拖拉的习惯，所以和她规定每天作业必须在我下班前完成，否则会被打。可是，被打两三次后还是会这样，尤其昨天晚上又因为这个被我狠狠地揍了一顿。

我自己也有问题，下班回家喜欢玩手机。

昨天睡觉前我在想，我不会是更年期提前了吧，不然脾气怎么会这么暴躁呢？

今天同大宝约定：以后每天我回家时如果作业做完，就奖励一颗星星，累积五颗星星奖励薯条，累积十颗奖励汉堡，二十颗带她出去野餐，三十颗给她买雪糕模具，三十六颗买她指定的玩具。

看看这个方法有没有效果，如果有，假期结束后继续用这个方法；如果没有，要再想其他办法了。

这个案例很典型，我们一项一项来分析。

(1) 家长只在乎孩子班级里排名，孩子对知识的掌握程度却只字未提。

只在乎孩子成绩排名的家长，真正在意的其实是自己的面子，希望孩子为自己争光，孩子排名靠后都不好意思和别人说，觉得丢人。家长这种本末倒置的作为，会混乱孩子的学习动机，误认为他是在为父母而学，以至于今后影响孩子的学习态度和动力。现在很多学校都不给孩子的成绩排名了，为什么家长还死盯着不放呢？

(2) 一旦孩子成绩没达到自己的心理预期，就给孩子"加餐"。

大量的课外作业可以有效提高孩子的学习成绩吗？如果这个办法有效，那逼迫孩子多做作业，就不存在学习成绩差的学生了。适当的作业确实可以起到巩固知识的效果，但大量额外的课外作业，势必会影响孩子的学习兴趣。一旦孩子失去了对学习的兴趣，怎么可能会有好的成绩呢？一遍又一遍地复习那些已经学会的知识，孩子的学习成绩就能提高吗？应该有针对性地突破没有掌握的知识，这才是复习的重点。

（3）要求孩子在规定的时间内完成作业，理由是为了养成做作业的好习惯。

让孩子在规定的时间内完成作业不但没有任何意义，反而会南辕北辙。被要求在规定时间内完成作业的孩子，在做作业时过度关注写作业的速度，当然就会忽略对题目的思考。要知道，现在孩子的作业题目难度是很大的，很多二年级的题，大人一时半会儿都解不出答案，怎么能用时间来要求孩子呢？

好的学习习惯不是在外部力量的压迫下养成的，而是源于自身内部。难道您没听过"哪里有压迫，哪里就有反抗"这句话吗？

（4）一旦孩子的学习效果达不到父母的要求，就打骂孩子。

打骂不是教育，而是教育的对立面。一个时常通过打骂来教育孩子的家长，一定是一个无能的、懦弱的家长。他们只是在发泄自己心中的不快，不是在教育孩子，而是在毁灭孩子。它对孩子的损害不仅表现在学习，更严重的会影响孩子的心理健康，让孩子自卑、逆反，破坏亲子关系。

⑤ 企图用物质奖励方法调动孩子学习的积极性。

物质奖励的办法只能在制定当时激发孩子的学习热情，不可能起到长久激励的效果。况且，虽然制定了奖励机制，孩子有选择不得到奖励的权力吗？如果在没有达到家长要求时，孩子会不会又遭到打骂呢？所有看似公平的父母与孩子共同制定的奖励与处罚办法，都是不平等的，就如同近代史上，我国与列强签属的不平等条约。

挑了这么多毛病，家长应该怎么做呢？

我的建议是，不要太在意孩子学习的结果，而是多关注孩子的学习兴趣，并想办法保持孩子的学习兴趣。小学阶段不是拼努力、要成绩的时候，初中、高中才是孩子刻苦学习的阶段。

高中之前的孩子，身体需要发育，心理也需要发育，一味地看重学习成绩，给孩子带来太大的压力，势必阻碍孩子的身心发展，最终的结果也得不偿失。孩子在学校学习的最终目标是高考，只要孩子一直保持对学习的兴趣，又掌握了学习技巧，怎么可能考不出好的成绩呢？

而来自父母的高标准、高要求就是扼杀学习兴趣的罪魁祸首。孩子天生是爱学习的，他们不是讨厌学习，而是讨厌必须要学好，以及学不好后来自父母的责骂。

你是否记得，你的孩子第一天背上新书包、升入一年级当天有多么兴奋；晚上回家后打开作业本时多么开心。家长对孩子的成绩看淡了，孩子不再担心来自父母的责骂，自然会把主要精力用在学习上。学习有问题的时候，也愿意请教父母。

请不要担心如果没有你的监管，孩子就会胡作非为，对学习一点儿都不上心。只要孩子在家里被尊重，家长信任孩子，孩子在家里、在学校都能愉快地度过，那他的学习兴趣就会一直保持，有好的成绩也是顺理成章的事。

当然，孩子在学习过程中也会遇到困难，这时父母应该想办法帮助孩子解决，而不是简单地给孩子施压、"加餐"。如何帮助，请参照本书"用智慧帮助孩子学习"一节。

孩子也有对学习懈怠的时候，家长应该意识到这是很正常的，谁能持续十多年对一件事感兴趣呢？何况是孩子，适当的放松调节、对孩子的鼓励会起到很好的效果。

39

暗示是很好的激励方法

对孩子来说，父母是他们心中的权威，只要我们发自内心地欣赏孩子，不断地暗示孩子他很优秀，信任孩子，孩子一定会如我们的暗示朝着更好的方向发展，会越来越优秀。

罗森塔尔教授是美国著名的心理学家，他曾做过这样一个著名的实验。

1968年的一天，罗森塔尔和L·雅各布森来到一所小学，说要进行7项实验。他们从一至六年级各选了3个班，对这18个班的学生进行了"未来发展趋势测验"。之后，罗森塔尔以赞许的口吻将一份"最有发展前途者"的名单交给了校长和相关老师，告诉他们这些学生的智商非常高，以后都会成为国家栋梁之材，并叮嘱他们务必要保密，以免影响实验的正确性。

8个月后，罗森塔尔和助手们对那18个班级的学生进行复试，结果奇迹出现了：凡是上了名单的学生，个个成绩有了较大的进步，并且性格活泼开朗，自信心强，求知欲旺盛，更乐于和别人打交道。

罗森塔尔这时才对老师们说，他其实撒了一个谎，他对这些学生一点儿也不了解，7项实验只是象征性地做了一下，名单上的学生是随便挑选出来的。这让老师们很意外。

可见，期望和信任在其中发挥了很重要的作用！

罗森塔尔是著名的心理学家，在人们心中有很高的权威，老师对他的话深信不疑，不仅对名单上的学生抱有更高期望，而且有意无意地通过态度、表情、体谅和给予更多提问、辅导、赞许等行为方式，将隐含的期望传递给这些学生，学生则给老师以积极的反馈；这种反馈又激起老师更大的教育热情，维持其原有期望，并对这些学生给予更多关照。如此循环往复，以致这些学生的智力、学业成绩以及社会行为朝着教师期望的方向靠拢，使期望成为现实。

对孩子来说，父母是他们心中的权威，只要我们发自内心地欣赏孩子，不断地暗示孩子他很优秀，信任孩子，孩子一定会如我们的暗示朝着更好的方向发展，越来越优秀。

邀请孩子一起参与家务劳动

2014年中国教育科学研究院对全国2万多名家长和2万名小学生进行了家庭教育状态调查，其中一项是关于孩子的家务劳动状况。统计结果显示，在孩子专门负责一两项家务活的家庭里，子女成绩优秀的比例为86.92%，而认为"只要学习好，做不做家务都行"的家庭中，孩子成绩优秀的比例仅为3.17%。

在国外，哈佛大学学者曾经做过一项长达20多年的跟踪研究，得出一个惊人的结论：爱干家务的孩子和不爱干家务的孩子相比，成年后的就业率为15∶1，犯罪率为1∶10。而且爱做家务的孩子,成年后离婚率低,心理疾病患病率也低。

没想到,让孩子适当地参与家务劳动,竟然有这么多的好处。

为什么会是这样的结果呢?

一些专家分析说,适当的家务劳动不仅可以锻炼学生的动手能力,还有助于他们身心成长,刺激大脑发育,激发孩子的参与感与责任意识,劳动后父母的赞美与鼓励还能增强孩子的自信心。

我也经常听一些成年朋友在谈及自己小时候做家务活时讲:我妈总是让我扫地,我就不乐意,故意用力乱扫,把灰尘扬得到处都是;有时候我妈让我洗碗,我就故意把水弄到身上,把衣服弄脏,有时候还会故意把碗打碎。

可见,家长让孩子做家务还是一门艺术,怎样才能让孩子愉快地参与家务劳动呢?

1.刚开始时不要打消孩子做家务的积极性

孩子两岁左右时,会学着父母的样子尝试着做家务,比如学着妈妈的样子洗碗扫地,这时候一些家长觉得孩子是在捣乱,担心孩子把衣服弄脏或者把事情弄得更乱而制止孩子参与，这是不对的。衣服脏了，洗洗就干净了；事情麻烦了，自己再多花些时间就处理好了。这时的孩子根本没有家务劳动的概念，只是觉得好玩，所以不要在这时打消他们的积极性。

2.不苛求完美，不吝啬赞美

孩子做得不太好的地方，家长尽量不要指责，进步是一点一滴形成的，我们要对孩子多一些耐心、多一些帮助。只要是孩子积极参与，请父母不要吝啬你的赞美，没有比来自父母的赞美和夸奖更好的回报了。

有些家庭会采用物质奖励的方式引导孩子做家务，比如整理一次房间多少钱，洗衣服多少钱。这样做会起到一定的短期效果，但副作用是给孩子注入了太多功利意识，对于没有好处的事，也许以后就会抵制。精神奖励要比物质奖励更适合，一句发自内心的赞美，一个大大的拥抱，一个会心的微笑，一场愉快的游戏，都是对孩子很好的回报。

3.一起做家务，营造愉悦的氛围

孩子天生是爱参与家务劳动的，他们反感的是父母给他们强行安排后自己却无所作为，甚至是没有做好后受到的责骂。邀请孩子一起做家务，用合作的方式安排家务，让孩子觉得自己是协作过程中的一员，大家在为一个共同的目标努力，感受到自己是被尊重的，而不是服从的一方。

孩子天生爱劳动，家长们要做的就是激发他们的热情。让我们学会放手，让孩子在主动探索和动手操作中实现成长！

夫妻关系重于亲子关系
姻缘关系大于血缘关系

"夫妻关系是家庭核心，拥有第一发言权，家庭就会稳如磐石。"更看重亲子关系的家庭，必然会影响夫妻关系，导致夫妻关系出现裂痕。相反，如果夫妻关系处理不好，也很难处理好亲子关系。

之前的一位同事约我聊天，想跟我倒他肚子里的苦水，说家里的那些烦心事。

当时他家小孩刚满一周岁。他们夫妻二人都不是北京本地人，白天都需要上班，所以自从有了宝宝后，就把孩子奶奶接了过来，帮助他们带孩子。

和很多家庭一样，婆媳在一起生活久了，难免会有摩擦，发生些不愉快。他们家也一样，婆媳二人时常闹别扭；有时候情况还会更遭，甚至因为一些小事争吵。

我问他："每次她们二人闹别扭时，你都怎么处理，比较袒护谁？"

"我当然支持我妈了。我妈辛辛苦苦把我拉扯大，现在又那么老远来给我们看孩子，身体还不好，已经很不容易了，我怎么能让我妈再受委屈。"

"那你有没有想过你媳妇也不容易？她白天要上班，晚上还要照顾孩子。"

"她每次都故意找碴，越来越不讲道理，我都不想理她。"

"有时候我们吵完架，她就抱着孩子去她姐家睡觉。你说说，有自己的家不住，非要去别人家，这不成心搞事情吗？"

我一下就知道他家的"病因"所在了：他把亲子关系看得重于夫妻关系，从而在一定程度上忽略了妻子的感受。

其实很多丈夫都会犯这样的错。

而妻子在家庭关系处理中常见的错误做法是，把孩子看得比老公重要，有时候会因为孩子而忽略了老公的感受。

这样的想法都是有问题的，都会或多或少地影响家庭和谐。

在有公婆、夫妻和孩子的"三世同堂"家庭中，如果夫妻关系是家庭核心，拥有第一发言权，那么这个家庭就会稳如磐石。

而那些更看重亲子关系的家庭，必然会影响夫妻关系、导致夫妻关系出现裂痕。反过来，如果夫妻关系处理不好，也很难处理好亲子关系。

当然，并不是说我们作为子女不去孝顺父母，而是应该巧妙地化解婆媳之间的矛盾，比如在明面上站在妻子一边，但是私底下给父母道歉。

而作为父母，我们也应该明白，孩子以后长大了也会组建自己的家庭，我们要学会退出，尽量少打扰、多帮忙。

就像尹建莉老师说的："母爱，是一场渐行渐远的分离。"

42

用智慧帮助孩子学习

帮助孩子学习,不仅是强制让孩子坐在书桌前写作业,告诉孩子上课认真听讲,还需要家长的思考与智慧,让孩子在快乐的感受中学到知识。

很多家长望子成龙,希望自己的孩子学习成绩优秀,然而在孩子的学习过程中却很少帮忙,仅仅陪孩子写作业,或者给孩子讲解一下不会做的作业题。如果孩子哪一个科目考试成绩不理想,父母会认为是孩子不够努力,于是给孩子买一本练习题让孩子做,或者报个辅导班。这样的家长只是在用"蛮力"教育孩子，却没有使用"智力"。

让我们看看这位妈妈是如何帮助孩子学习的。

由于女儿没有上过学前班，所以刚上一年级的她，语文学起来很吃力，对于一些稍微复杂的汉字，孩子经常写好多遍都记不住，还是写错。于是这位妈妈开动脑筋，把一些汉字编成了小故事来帮助孩子记忆。

比如"一瘸一拐"的"瘸"字，被妈妈编成了这样一个故事：从前有一个小朋友特别淘气，总是爬到房子上往下跳。结果有一次摔坏了腿，走路一瘸一拐的。妈妈看到他的腿生病了，为了让他快点儿好起来，就每天给他加点儿肉吃，孩子的腿就很快好起来了。"瘸"这个字，因为是生病了，所以是"病字框"。

然后妈妈问她："妈妈每天给他做什么呢？"

"加点儿肉。"孩子抢着回答道。

就这样，孩子一下子就记住了这个字。妈妈还鼓励孩子考考身边的大人会不会写这个字。于是女儿逢人就考"瘸"字怎么写，结果很多大人都认识这个字，但怎么写，往往还真想不起来。于是女儿又在这样的游戏中找到了自信。

后来女儿经常让妈妈给她编汉字故事，妈妈觉得简单的汉字没什么意思，就总结了一批看上去很难的常用字，比如"飙车"的"飙"字，她给女儿讲飙车就是很快地开车，相互比赛。古代人没有车，但是狗很多，于是就经常"飙狗"。有3只狗准备比赛一下看谁跑得快，于是就使劲往前跑，跑得比风还快，有一只狗跑到了最前边，另外两只跟在它后边，所以"飙"字左边三个犬，上面一只，下面两只，右边是风。

在这样的游戏中，女儿记住了大量汉字，为学好语文打下了坚实的基础，也找到了自信。

而这位聪明的妈妈，就是《最好的方法给孩子》一书的作者王芳老师。

尹建莉老师是通过和孩子玩开"小卖部"的游戏来帮助她女儿学数学的。

她发现带着女儿去小卖部买东西时，女儿总是很羡慕卖东西的人，还说等自己长大后也要开小卖部，而且女儿经常和小朋友玩开小卖部的游戏，于是尹老师也想到和女儿玩这个游戏，并在其中加入一些计算元素。

女儿当掌柜的，爸爸妈妈扮演顾客，拿一些东西作为货物，顾客来买。

一般孩子的定价都是整数，比如一块钱、一百块钱，但是顾客会和掌柜的讨价还价，比如一只筷子孩子定价一元，顾客还到八毛，这样，孩子就得自己算出要给顾客找回两毛钱，以此来锻炼她的计算能力。

慢慢地顾客会增加难度，比如一支铅笔9毛钱，顾客要买8只；或者一包面包4元钱，里面有10块，而顾客只买3块。

就这样，孩子在开小卖部的过程中，不知不觉地做着应用题，把简单的数学计算都学会了。

上述的两个例子，无论是编汉字故事，还是"开小卖部"，都集结了家长的智慧，达到了寓教于乐的效果。他们没有把学习的任务独自留给孩子，而是自己开动脑筋想办法，让孩子在快乐的感受中学到了知识。

帮助孩子学习，不仅是强制让孩子坐在书桌前写作业，告诉孩子上课认真听讲，还需要家长的思考与智慧。

家长朋友们，当你们的孩子在学习中遇到困难时，会采用什么样的方法呢？

世界上最伟大的爱，
是孩子对父母的爱

　　孩子，比任何人都爱父母，他不舍得让父母生气，不舍得让父母难过。至深的母爱和如山的父爱，都有暂时中断的时候，但孩子对父母的爱却不会中断，不会因为任何外部情况的干扰而改变。

　　世界上最伟大的爱是什么？

　　有人回答是"母爱"。

　　的确，母爱至深。

　　是母亲把我们带到这个美好的世界，让我们得以享受家庭的温馨。

母亲含辛茹苦地把我们抚养成人，还是我们的第一位老师，教给我们做人的道理。母亲是我们的精神支柱，一如既往地支持着我们，鼓励着我们。当我们生病时，是母亲日夜守护在我们身边，精心照料。

而母亲，却从不奢求孩子的回报，只希望子女平安幸福。

世界上最伟大的爱是什么？

也有人回答是"父爱"。

的确，父爱如山。

父爱是无声的、深沉的、严肃的、刚强的、博大精深的。

父亲从男人的角度，给予孩子坚强、自立、自强、自信、宽容，使孩子能感觉到与母爱不同的爱。

世界上最伟大的爱是什么？

我却认为是孩子对父母的爱。

孩子小时候对父母的爱，不会因为任何外部情况的干扰而改变。

当孩子淘气犯错误时，当自己心情不好时，父母可能会对孩子发脾气,责骂甚至打骂孩子。

但即使孩子被妈妈责骂地哭了,他们仍然会张开双臂寻求妈妈的怀抱,甚至安慰妈妈,主动给妈妈道歉,擦拭妈妈的眼泪,说自己再不惹妈妈生气了。

想想,父爱也好,母爱也罢,都有暂时中断的时候。

但孩子对父母的爱却不会中断。

就凭这点,它远比父爱母爱要伟大很多。

所以,爸爸妈妈们,面对这样一个挚爱着自己的孩子,请多给他们一些宽容,不要再因为无所谓的琐事对孩子发脾气了。

下次当你生气想发脾气、动用武力时,请想一想,眼前的这个孩子,比任何人都爱你。他不舍得让你生气,不舍得让你难过。

"爸爸,我今天看到你偷偷掉眼泪,我心里很难过,我知道家里给我治病已经花了很多钱了,也没钱了,妈妈也走了,这都是因为我。如果我走了,妈妈就回来了,你们就可以像以前一样开开心心的了,我不想治了,我们回家好吗?"这是一位在病痛中的7岁小女孩给父亲写的信。

相比孩子来说,也许我们家长做得还远远不够。

44

明白道理不重要，关键要坚持做到

大道理孩子都懂，不需要家长教育。教育孩子是一个漫长的过程，关键在于家长一定要有耐心，并且要坚持下来。

前边的篇章，基本都是通过发生在家庭里一些很小的事件，分析出其中的道理。

之所以选取的都是一些小事件，是因为教育孩子本身就是贯穿于家庭琐事中，都是通过日常生活中的小事体现出来的，比如吃饭、刷牙、看电视、玩耍，等等。

大道理孩子都懂，不需要家长教育。

那如何做才能成为优秀的父母呢？其实道理很简单，我把它总结为"一多一少一和睦"。

多：是指多鼓励孩子，多陪伴孩子，多信任孩子，多尊重孩子，多原谅孩子，多倾听孩子，多给孩子自由，多给孩子发挥的空间，多给孩子一点儿时间，多给孩子接触大自然的机会，多给孩子与别的小朋友玩耍的机会。

少：是指少唠叨，少批评孩子，少控制孩子，少给孩子强加自己的观点，少冲孩子发脾气，少与别人家的孩子对比，少给孩子太大的压力，少欺骗孩子，少给孩子定太高的目标和要求。

和睦：是指夫妻之间要和睦，相互关爱，营造和谐的家庭氛围，给孩子提供温馨的成长环境。

如果家长能做到这些，那么一定是爱孩子的优秀父母，孩子在这样的家庭环境中成长，一定是一个自信、阳光、优秀的孩子，成年后一定会有所作为，而且充满幸福感。

在与很多家长接触过之后，我发现上述这些观念，大部分家长都是认同的，但是很难耐心地坚持下来。

经常有家长向我倾述，说自己总是会控制不住自己要冲孩子发脾气，总是受不了孩子拖拉而督促他们快点儿，或者想要把自己的观点强加给孩子。

其实家长都明白这样做不对，长久下去会对孩子有负面影响，但就是控制不住自己的情绪和语言。

每当面对这种情况我也无可奈何，只能耐心地加以引导。

这些家长其实也没错，负面情绪积累得多了，确实需要一个输出口。建议大家找一些亲戚朋友聊天进行负面情绪输出，叙述自己的委屈和不如意，唠叨唠叨，以此缓解内心压力；尽量避免把负能量发泄在爱人和孩子身上。

教育孩子是一个漫长的过程，家长一定要有耐心。

有一句话：现在的就是最好的。希望家长朋友们也能记住这句话，你的家人、你的孩子现在的状态，就是最好的，他们那么可爱，自己还有什么不开心呢？

希望所有的读者都能对孩子、对爱人一直保持良好的心态！

45

一个"成年孩子"的心声

很多父母在孩子犯错的时候，第一反应总是暴跳如雷先打一顿再说。却从不会想，孩子犯错后也是害怕的，是处在最需要帮助和调整的阶段。要教给孩子的是解决问题的办法，而不应该进一步强化他们内心的恐惧。因为当他们向父母求助的时候，就已经意识到错误，而且内心是把父母当作最亲近信赖的人。

最后，我想以这封成年孩子的留言作为本书的结尾，各位家长朋友可以从一个孩子的视角去反思一下自己，也许会有不一样的收获。

说来好笑，本人今年25岁，已经毕业并参加工作，好像应该成熟懂事，却从小就和老妈争吵，一直到这么大，现在每次回家还是难以避免。对于父母与子女之间的有些问题，实在无比困惑。

　　每次向别人描述我和老妈之间的争吵，别人都觉得我妈还是挺可爱的。是的，跟她绕着客厅的桌子跑，实在是因为怕她手里的拖鞋，真疼。

　　我已经不想说每次她批评我的原因了，陈芝麻烂谷子的新事旧事劈头盖脸就来，想到什么说什么，越不爱听什么她越说什么，这应该和很多孩子的感受是一样的。

　　昨天晚上看到王朔的一段话："我不记得爱过自己的父母。小的时候是怕他们，大一点儿开始烦他们，再后来是针尖对麦芒，见面就吵；再后来是瞧不上他们，躲着他们，一方面觉得对他们有责任，应该对他们好一点儿，但就是做不出来，装都装不出来；再后来，一想起他们就心里难过。"

　　当时觉得历史真是惊人的相似，大作家和我的想法竟然出奇的一致。

　　以我对我妈的了解，我妈如果看到王朔写的这段话，绝对会认为王朔不是个好人，不能给孩子做好榜样，铁定不让我继续看他的书。

毕竟这太尴尬了，她是不愿承认这样的事实的。还有什么比子女的疏离更让父母感觉悲哀的呢？

我母亲这一辈子用呕心沥血来形容真是恰当，用爱得毫无自我来形容也未必失当。因此，当我反其道而行之的时候，她就心痛不已。忘恩负义、目无尊长这类的话我早已听得耳朵长了茧。可是归根结底，我也一路乖乖地学习过来，大学本科毕业后有了一份不算好但稳定的工作。偶尔也会成为别的家长口中"别人家的孩子"。

小学中学的时候，不允许看电视，电脑家里不给装，怕影响我学习；大学时候不允许谈恋爱，在我大三的时候硬拆散我和初恋；毕业后开始着急我的工作和婚姻。压得我可真累，我如果要喘口气，就得不断和她撒谎，比如我在学校课太多，顾不上回家，等等。

也不愿意告诉她我的事情，一告诉她，就是给自己惹麻烦。不告诉，反而清净。这是她特别不理解我的地方，她是我的母亲，是最亲的人，可是我竟然不愿意和她说话。

所以她曾经没收我的手机，并且翻了我6个月的QQ聊天记录，还有短信，都是一字不落全部看过去。

关于没收手机、电脑，这是假期的常事，一个寒假或者暑假没收三四次，然后藏起来锁起来。而我大学之后才开始用手机和电脑。不太懂，好多家长都反对孩子玩手机电脑，初高中反对可以理解，要高考。结果大学还是反对，孩子都成年了，假期如果不学习不兼职，手机电脑就是生活的一部分。

反对手机电脑这倒也没什么，玩多伤眼睛，手机还可能会爆炸之类的理由也成立。就说说我不愿和她说话的事情。

有件事情我记得很深刻。一年级吃饭时，我告诉她班上有小朋友做小动作被老师批评了。她的反应是，你怎么上课不好好听老师讲课去看人家做小动作。我当时幼小的心灵是受伤了，所以印象深刻以至于成了永久的记忆。

至少从那会儿开始，我就知道有的话不能和她说，说了会给自己带来麻烦。

诸如此类的事情还有很多，反正很多事都不敢和她说。

比如我眼睛近视，宁可上课痛苦地抄着同桌的笔记，也不告诉她我看不清黑板。我个子高，本应该坐在最后一排，因为近视的原因被老师调到第四排，仍然看不清黑板。后来人脸也不太看得清了，戴上眼镜的时候就已经300度了。

父母亲自把孩子推给了他们的朋友，他们宁可和朋友说知心话也不愿和父母说，真的是因为他们叛逆不懂事吗？

眼睛近视这件事情，压根不是错误。但是，我心里就认为，我妈会把这当成我犯错了。我为什么近视？肯定是因为我写字、看书姿势不对。我知道她的反应，所以我不敢说。所幸，我没有犯过大是大非的错误，也没有做违法乱纪的事情。